马克思主义理论研究和建设工程重点教材

博士研究生思想政治理论课教学大纲

马克思恩格斯列宁经典著作选读

（2018年版）

本书编写组

U0652219

高等教育出版社·北京

图书在版编目（ＣＩＰ）数据

马克思恩格斯列宁经典著作选读：2018 年版／《马
克思恩格斯列宁经典著作选读》编写组编. --北京：高
等教育出版社，2018.8（2024.12重印）
ISBN 978-7-04-050160-5

Ⅰ.①马… Ⅱ.①马… Ⅲ.①马列著作-研究生-教
材 Ⅳ.①A5

中国版本图书馆 CIP 数据核字（2018）第 171362 号

策划编辑	杨晓娟	责任编辑	杨晓娟	封面设计	张 楠	版式设计	范晓红
责任校对	刘娟娟	责任印制	存 怡				

出版发行	高等教育出版社	网　　址	http://www.hep.edu.cn
社　　址	北京市西城区德外大街 4 号		http://www.hep.com.cn
邮政编码	100120	网上订购	http://www.hepmall.com.cn
印　　刷	保定市中画美凯印刷有限公司		http://www.hepmall.com
开　　本	787mm×960mm　1/16		http://www.hepmall.cn
印　　张	11		
字　　数	99 千字	版　　次	2018 年 8 月第 1 版
购书热线	010-58581118	印　　次	2024 年 12 月第 12 次印刷
咨询电话	400-810-0598	定　　价	17.00 元

本书如有缺页、倒页、脱页等质量问题，请到所购图书销售部门联系调换

版权所有　侵权必究

物 料 号　50160-A0

马克思主义理论研究和建设工程重点教材

《马克思恩格斯列宁经典著作选读》教学大纲编写课题组

首席专家 韩 震 丰子义

主要成员（以姓氏笔画为序）

王 莳 左亚文 石碧球 刘森林

吴向东 俞良早 韩喜平 鲁克俭

编 写 说 明

　　马克思主义的诞生，是人类思想史上一次壮丽的日出。"在人类思想史上，就科学性、真理性、影响力、传播面而言，没有一种思想理论能达到马克思主义的高度，也没有一种学说能像马克思主义那样对世界产生了如此巨大的影响。"① 马克思主义之所以具有这样的影响力，从根本上来说，就在于它是科学的理论、人民的理论、实践的理论、不断发展的开放的理论。马克思主义的基本理论源于 19 世纪又超越 19 世纪，既是当时时代精神的精华，又是整个人类精神的精华。

　　学习和掌握马克思主义理论，必须认真研读原著。恩格斯曾经强调指出，要"根据原著来研究这个理论，而不要根据第二手的材料来进行研究"②，"对于那些希望真正理解它的人来说，最重要的却正好是原著本身"③。学习原著如此重要，就在于原著是马克思主义理论的宝藏和根据，马克思主义的立场、观点和方法就深藏在原著之中。学习原著有助于深入了解经典作家思想

① 《习近平在中共中央政治局第四十三次集体学习时强调　深刻认识马克思主义时代意义和现实意义　继续推进马克思主义中国化时代化大众化》，《人民日报》2017 年 9 月 30 日。

② 《马克思恩格斯文集》第 10 卷，人民出版社 2009 年版，第 593 页。

③ 《马克思恩格斯文集》第 7 卷，人民出版社 2009 年版，第 1005 页。

理论形成的依据，完整、准确地理解这些思想及其内在联系；有助于在正确理解经典作家有关思想的同时，有效地学习他们观察和处理问题的立场和方法；有助于感悟思想真理性的力量，提高理论思维能力；有助于在深入理解经典作家基本理论观点的基础上，进一步破除对马克思主义的教条式理解，澄清附加在马克思主义名下的错误观点。

马克思主义思想理论博大精深、常学常新。从马克思主义创立到今天，170多年过去了，人类社会发生了翻天覆地的变化，但马克思主义所阐述的一般原理整个来说仍然是完全正确的。随着时间的推移，马克思主义日益彰显出明显的当代价值。面对新时代，需要根据新的发展现实，不断从中汲取科学智慧和理论力量，更有定力、更有自信、更有智慧地坚持和发展新时代中国特色社会主义，确保中华民族伟大复兴的巨轮能够沿着正确航向不断前行。在新的历史条件下，正如习近平在纪念马克思诞生200周年大会上的讲话所说，学习马克思，就要学习和实践马克思主义关于人类社会发展规律的思想、关于坚守人民立场的思想、关于生产力和生产关系的思想、关于人民民主的思想、关于文化建设的思想、关于社会建设的思想、关于人与自然关系的思想、关于世界历史的思想、关于马克思主义政党建设的思想。要通过学习和实践，真正用马克思主义引领新时代的发展。

研读原著，应当有科学的态度。这就是在研读原著时，不仅要了解经典作家提出和论证的重要观点，领会其精神实质，而且要学习和研究他们形成有关观点时坚持的立场和采用的方法。恩格斯明确指出："马克思的整个世界观不是教义，而是方法。它提供的不是现成的教条，而是进一步研究的出发点和供这种研究使用的方法。"① 列宁也说过："我们的学说不是教条，而是行动的指南，我想我们应当首先和特别注意这一点。马克思和恩格斯的学说不是我们死记硬背的教条。应该把它当做行动的指南。"② 这些精神，是我们在学习研究原著时必须加以深刻理解和全面领会的。当然，强调马克思主义是科学方法，并不意味着轻视其理论，因为方法与理论是内在结合在一起的。一方面，各种理论不仅仅是思想观点的表达，而且本身就具有方法的意义，所谓有什么样的世界观就会有什么样的方法论，就是这个意思。另一方面，任何思想理论又是按照一定的方法建立起来的，是在一定方法指导下形成的，因而内在地包含着方法。因此，学习研究原著，必须善于从理论与方法的统一中来理解和把握马克思主义。

研读原著，要注意联系实际。学习研究原著，当然需要弄清原著本身的思想内容，但要使学习研究更有成效，必须理论联系实际。就对原著内容的理解和把握来看，首先是要联系历史实际，了解马克思主义各种理论观点所产生的社会条件和所面对的

① 《马克思恩格斯文集》第 10 卷，人民出版社 2009 年版，第 691 页。
② 《列宁专题文集 论马克思主义》，人民出版社 2009 年版，第 300 页。

社会问题。只有清楚当时的社会历史背景，才能更为深刻地认识它的产生及其思想原意。马克思主义的理论逻辑实际上就反映和再现了当时社会的历史逻辑。其次是要联系当代现实。要以马克思主义理论为指导，思考当代社会发展实践提出的重大问题，同时思考和解答自己在相关领域中感到困惑的重要问题，用现实问题"激活"经典著作研究。能够通过理论研究为各种重大问题的解答提供有益的思考和正确的指引，这正是马克思主义的魅力所在。此外，还要联系理论研究的实际。要把马克思主义理论与当代各种思潮相对照、相比较，自觉划清同错误思潮的界限，增强理论上的识别力和免疫力。总之，学习研究原著应有问题意识，要带着问题学、联系实际学，切实把科学思想理论转化为认识能力和理论素养。只有这样，学习才能更有主动性，才能更加深入，才能更加富有成效。

"马克思恩格斯列宁经典著作选读"课是对博士研究生进行马克思主义理论教育的公共选修课。编写这本《马克思恩格斯列宁经典著作选读》教学大纲的目的，就是为了满足广大博士研究生学习研究马克思主义经典作家代表性原著的需要，帮助同学们深化对当代中国马克思主义的理解和把握。本教学大纲兼顾全面性与重点性原则，甄选了11篇马克思主义经典作家的代表性原著，按照写作背景、主要内容、历史地位与当代价值、延伸阅读和思考题五个模块设计编写，力求体现马克思主义思想的发展历程，揭示马克思主义的真理性价值及其当代意义。希冀通过这样的介绍、阅读和思考，帮助博士研究生提高对原著的理解能力。

目　　录

马克思:《1844年经济学哲学手稿》（节选）^①

【异化劳动和私有财产】
【私有财产和共产主义】

一、写作背景

研究政治经济学，解剖市民社会。马克思开始从事理论研究和社会活动时，信奉的是黑格尔哲学。1842年年初至1843年3月，马克思在《莱茵报》工作期间，因广泛接触并参与了与官方的论战，第一次遇到了"对所谓物质利益发表意见的难事"^②，这使他产生了"苦恼的疑问"。为此，马克思在克罗茨纳赫期间阅读了大量的历史和政治著作，重新审视了黑格尔的法哲学，在此基础上，撰写了《黑格尔法哲学批判》，迈出了走向唯物主义的第一步。1859年，马克思在回顾自己思想发展的过程时指出，正是通过这种批判，开始认识到"法的关系正像国家的形式一样，既不能从它们本身来理解，也不能从所谓人类精神的一般发展来理解，相反，它们根源于物质的生活关系，这种物质的生活

---

① 选自《马克思恩格斯文集》第1卷，人民出版社2009年版。
② 《马克思恩格斯文集》第2卷，人民出版社2009年版，第588页。

关系的总和，黑格尔按照18世纪的英国人和法国人的先例，概括为'市民社会'，而对市民社会的解剖应该到政治经济学中去寻求"①。正是对解剖市民社会的需要，成为马克思研究政治经济学的最初动因，并促使其从所谓"副本"（宗教、哲学、政治）的批判进到"原本"（经济）的批判。

探讨"人的解放"，揭示共产主义的历史必然性。贯穿于马克思理论研究中的主题是无产阶级和人类的解放。马克思在与卢格合作创办《德法年鉴》刊物时就开始明确区分了"政治解放"和"人的解放"，并把"人的解放"作为其最终的目标。在马克思看来，"政治解放"实现了政治国家与宗教的分离，使人们获得了宗教信仰自由，同时废除了等级制，规定了公民在政治上和法律上的平等，这无疑是人类历史上的一个重大进步。但这种政治解放依然是有限的、不彻底的解放，因为它没有触动私有制这一基础，其所实现的平等只是形式上的平等而非实质上的平等，所实现的解放也只能是有产者的解放而非全人类的解放。只有从政治解放进展到人的解放，才能使人从旧社会的全部奴役中彻底解放出来。而要实现人的解放，关键是实现劳动解放。因此，对资本主义条件下的劳动和私有财产问题进行批判性分析，便成为《1844年经济学哲学手稿》（以下简称《手稿》）的重要主题。在《手稿》中，马克思

---

① 《马克思恩格斯文集》第2卷，人民出版社2009年版，第591页。

力图通过对资本主义条件下私有财产和异化劳动及其相互关系的分析，阐明工人阶级解放的可能性和共产主义的历史必然性。

《手稿》由三个笔记本和序言组成，写于 1844 年 4—8 月间，其中部分手稿已散佚。《手稿》在马克思生前并未发表。1927 年，苏联出版的《马克思恩格斯文库》第 3 卷附录中摘要发表了这部手稿中的《第三手稿》（即笔记本Ⅲ）的俄译文。1932 年出版的《马克思恩格斯全集》历史考证版第一部分第 3 卷以德文原文发表了《手稿》全文，并冠以书名《1844 年经济学哲学手稿》。《马克思恩格斯文集》第 1 卷收入的《手稿》中译文是根据 1982 年新出版的《马克思恩格斯全集》历史考证版校译的。

二、主要内容

1. 异化劳动概念及其规定

异化劳动理论是贯穿《手稿》的中心内容。在《手稿》中，异化劳动特指资本主义条件下的雇佣劳动。与黑格尔和费尔巴哈的"异化"概念不同，马克思是从工人阶级的处境来看待异化的，并将其与对象化相区别。所谓对象化，就是劳动的现实化。"劳动的产品是固定在某个对象中的、物化的劳动，这就是劳动的对象化。"① 劳动者在对象化过程中实现和确证自己的本质。

---

① 《马克思恩格斯文集》第 1 卷，人民出版社 2009 年版，第 156—157 页。

对象化是人类生存的基本方式，也是人类历史赖以存在和发展的基础。而异化则是一个历史的范畴，它所反映的是一定历史条件下人的活动的社会性质，即人在对象化的活动中不是肯定自己，而是否定自己。异化是历史发展到一定阶段的产物，异化劳动是资本主义社会最为突出的表现。

《手稿》具体阐述了异化劳动的四个规定。第一，劳动者和自己的劳动产品相异化。即劳动者同自己的产品处于异己的关系之中，表现为工人生产的产品越多，他所能占有的就越少，并越受其产品的奴役和统治。"劳动所生产的对象，即劳动的产品，作为一种异己的存在物，作为不依赖于生产者的力量，同劳动相对立。"① 第二，劳动者和自己的劳动活动相异化。对劳动者来说，劳动活动本身变成了某种外在的、异己的东西：它不是劳动者自觉自愿的活动，而是使劳动者感到不幸，使其肉体和精神遭受折磨和摧残的活动。劳动者在强制性的劳动中，感到的不是肯定自己，而是否定自己。第三，劳动者和自己的类本质相异化。马克思借用费尔巴哈的术语，认为人是类存在物，人不仅在理论和实践上把自身当做现有的、有生命的类来对待，而且通过对象性的活动，才实际地确证自己是类存在物。生产活动本是人的能动的类生活，但是在资本主义条件下，人的活动被贬低为维持个

---

① 《马克思恩格斯文集》第 1 卷，人民出版社 2009 年版，第 156 页。

人的动物生存的手段，从而使人的类本质成为与人的存在相对立的东西。第四，人与人之间的关系相异化。这是上一规定的必然结果：既然人从自己本身的类本质中异化出去并与自己的本质相疏离，那么他也就必然与其他人相分离并处于敌对的关系中，正像其他人也与他相疏离、相对立一样。也就是说，劳动产品、劳动不再属于劳动者，而是属于劳动者之外的另一个人，"属于另一个有别于我的存在物"①，那么，"这个存在物是谁呢？……劳动和劳动产品所归属的那个异己的存在物，劳动为之服务和劳动产品供其享受的那个存在物，只能是人自身"②。因此，异化劳动不仅体现了人同自身的异化关系，而且体现了人与他人的异化关系。从劳动产品的异化到劳动的自我异化，再到人的类本质以及人和人关系的异化，马克思关于异化劳动的这四个规定体现了一种从物的关系逐渐深入到人的关系的内在逻辑。

马克思从异化劳动这个"当前的国民经济的事实"出发，进一步考察了异化劳动与私有财产的关系。国民经济学以之作为前提的劳动是以私有财产为基础的，但私有财产决不是什么"自然"的东西；恰恰相反，"私有财产是外化劳动即工人对自

① 《马克思恩格斯文集》第 1 卷，人民出版社 2009 年版，第 164 页。
② 《马克思恩格斯文集》第 1 卷，人民出版社 2009 年版，第 164—165 页。

然界和对自身的外在关系的产物、结果和必然后果"①。在私有
财产发展到最后的、最高的阶段时，二者的关系才充分显露出
来，即私有财产一方面是异化劳动的产物，另一方面又是劳动借
以异化的手段。但是，异化劳动产生的根源仍是需要进一步回答
的问题。"现在要问，人是怎样使自己的劳动外化、异化的？这
种异化又是怎样由人的发展的本质引起的？"② 尽管马克思对此
没有作出明确的回答，但他认为，"我们把私有财产的起源问题
变为外化劳动对人类发展进程的关系问题，就已经为解决这一任
务得到了许多东西。……问题的这种新的提法本身就已包含问题
的解决"③。在这里，马克思虽然没有直接回答这一问题，但他
将异化劳动置于人类发展过程中，并与私有财产联系起来进行考
察，无疑为解答异化劳动的起源和发展明确了方向。

2. 异化劳动与唯物史观

在《手稿》中，马克思从考察异化劳动出发，提出了一系
列关于唯物主义历史观的思想。

第一，把生产劳动看做人区别于动物的根本标志。马克思指
出："一个种的整体特性、种的类特性就在于生命活动的性质，

---

① 《马克思恩格斯文集》第 1 卷，人民出版社 2009 年版，第 166 页。
② 《马克思恩格斯文集》第 1 卷，人民出版社 2009 年版，第 168 页。
③ 《马克思恩格斯文集》第 1 卷，人民出版社 2009 年版，第 168 页。

而自由的有意识的活动恰恰就是人的类特性。"①诚然,人和动物都是通过自己的活动从自然界获取所需要的物质资料。但是,人的活动与动物的活动有本质的区别:动物是本能的、无意识的,它不能把自己同自己的生命活动区分开来,而人的活动则是有意识有目的的,"通过实践创造对象世界,改造无机界,人证明自己是有意识的类存在物"②;有些动物也"生产",但"动物只是在直接的肉体需要的支配下生产,而人甚至不受肉体需要的影响也进行生产,并且只有不受这种需要的影响才进行真正的生产"③;动物的生产是片面的,而人的生产是全面的;动物只生产自身,而人再生产整个自然界;动物只是按照它所属的那个种的尺度和需要来构造,而人却懂得按照任何一个种的尺度来进行生产,因而人也按照美的规律来构造。因此,正是在改造对象世界的过程中,人才超越了动物,"真正地证明自己是类存在物"④。

第二,提出了物质生产在整个社会的存在和发展中起支配作用的思想。社会的存在和发展是和人的对象化活动联系在一起的。一方面,人只有在对象化活动中不断地吸收和同化外部自然

---

① 《马克思恩格斯文集》第 1 卷,人民出版社 2009 年版,第 162 页。
② 《马克思恩格斯文集》第 1 卷,人民出版社 2009 年版,第 162 页。
③ 《马克思恩格斯文集》第 1 卷,人民出版社 2009 年版,第 162 页。
④ 《马克思恩格斯文集》第 1 卷,人民出版社 2009 年版,第 163 页。

界所提供的生活资料，把它转化为自己有机的身体，才能生存和发展；另一方面，人只有在不断的劳动活动中把自己的本质对象化，将外部自然界转化为自己无机的身体，才能客观地展现和确证自己的本质。前者是对象的人化，后者是人的对象化，二者在相互依存和相互转化中日益提升人的本质和扩展人的世界。因此，不仅人是"自己的劳动的结果"，而且整个人类历史也是劳动活动的产物。"整个所谓世界历史不外是人通过人的劳动而诞生的过程，是自然界对人来说的生成过程。"① 不仅如此，社会各种现象和关系的产生与发展，都是受劳动生产制约的。"私有财产的运动——生产和消费——是迄今为止全部生产的运动的感性展现，就是说，是人的实现或人的现实。宗教、家庭、国家、法、道德、科学、艺术等等，都不过是生产的一些特殊的方式，并且受生产的普遍规律的支配。"② 马克思批判了那种撇开人的劳动，把宗教、政治、艺术、文学活动等看做人的本质力量的观点，论述了工业和自然科学在社会历史中的巨大作用，提出工业的历史和工业的活动"是一本打开了的关于人的本质力量的书，是感性地摆在我们面前的人的心理学"③。这些思想表明，马克思已经发现了历史发展的真实基础，从而找到了打开历

① 《马克思恩格斯文集》第 1 卷，人民出版社 2009 年版，第 196 页。
② 《马克思恩格斯文集》第 1 卷，人民出版社 2009 年版，第 186 页。
③ 《马克思恩格斯文集》第 1 卷，人民出版社 2009 年版，第 192 页。

史之谜的钥匙。

第三，对历史发展中人与自然的关系作出了深刻的论述。马克思认为，人的劳动活动是能动的、具有创造性的，但这种活动又不能离开自然界。自然界是人类赖以进行劳动活动的对象和前提。"没有自然界，没有感性的外部世界，工人什么也不能创造。"① 但是，自然界又不是完全与人分离的自然界，正是在人的对象化活动中，自然界日益生成为人的历史，而人的历史则日益形成为自然史。在这里，自然界和人类历史通过人的劳动活动而得到了内在的结合，其结合的"纽带"就是社会。因为"只有在社会中，自然界才是人自己的合乎人性的存在的基础，才是人的现实的生活要素。只有在社会中，人的自然的存在对他来说才是人的合乎人性的存在，并且自然界对他来说才成为人"②。正是通过这种论证，马克思不仅把人类历史牢固地建立在人类社会改造自然的物质基础之上，与黑格尔抽象思辨的唯心主义相对立；而且把人的社会实践引入自然界，与费尔巴哈的直观唯物主义相区别。这些思想在后来的《关于费尔巴哈的提纲》和《德意志意识形态》中得到进一步的阐发。

勿庸讳言，在《手稿》中，马克思关于异化劳动的理论还受到了费尔巴哈抽象人本主义的影响。但他通过对异化劳动的分

---

① 《马克思恩格斯文集》第 1 卷，人民出版社 2009 年版，第 158 页。
② 《马克思恩格斯文集》第 1 卷，人民出版社 2009 年版，第 187 页。

析,开辟了通向社会历史的现实道路,这为唯物史观的创立打下了坚实的基础。可以说,异化劳动理论是迈向唯物史观的一个重要环节。

3. 异化的扬弃和共产主义

马克思主要通过对私有财产的分析,论证了共产主义的历史必然性。马克思认为,在资本主义条件下,私有财产的运动集中表现为劳动与资本的尖锐对立,同时也为消灭私有财产和实现人的解放准备了条件。"劳动和资本的这种对立一达到极端,就必然是整个关系的顶点、最高阶段和灭亡。"① 因此,自我异化的产生和自我异化的扬弃走的是同一条道路,产生异化的社会关系本身就包含着它的否定性因素,发展着扬弃异化的条件。

共产主义与私有财产和异化劳动,就其基本关系而言是这样的:"共产主义是对私有财产即人的自我异化的积极的扬弃,因而是通过人并且为了人而对人的本质的真正占有;因此,它是人向自身、也就是向社会的即合乎人性的人的复归,这种复归是完全的复归,是自觉实现并在以往发展的全部财富的范围内实现的复归。"② 在这里,共产主义体现了这样一些原则:其一,共产主义的基本要求就是消灭私有财产,克服人的自我异化。其二,共产主义并不取消和否定私有财产运动和人的自我异化过程中所

---

① 《马克思恩格斯文集》第 1 卷,人民出版社 2009 年版,第 172 页。
② 《马克思恩格斯文集》第 1 卷,人民出版社 2009 年版,第 185 页。

取得的积极成果，被扬弃的是劳动的不合理的社会形式，而不是劳动的对象化成果。其三，共产主义将实现人的本质的复归，但这种复归是历史的飞跃，而不是回归人的原始状态。其四，共产主义对人的本质的真正占有，"不应当仅仅被理解为直接的、片面的享受，不应当仅仅被理解为占有、拥有"①。也就是说，这种占有不是作为私有制度下的彼此对立、互相分裂的利己主义的个人为了自私的目的去占有，而是由联合起来的个人，为了社会的共同目的去占有。同时，在共产主义社会，"人以一种全面的方式，就是说，作为一个完整的人，占有自己的全面的本质"②。共产主义的实现，并不是一个纯粹的理论问题，而是一个实践问题。要消灭私有财产的思想，有共产主义思想就完全够了；而要消灭现实的私有财产，则必须有实现共产主义的行动。要使社会从私有财产的统治下解放出来，必须通过工人解放这种政治形式。无产阶级就是实现共产主义的主体力量。

三、历史地位与当代价值

《手稿》是马克思主义形成过程中的一部重要著作。在《手稿》中，马克思在研究和批判资产阶级经济学、黑格尔等人的哲学和空想社会主义理论的基础上，第一次把政治经济学、哲学

---

① 《马克思恩格斯文集》第 1 卷，人民出版社 2009 年版，第 189 页。
② 《马克思恩格斯文集》第 1 卷，人民出版社 2009 年版，第 189 页。

和共产主义理论有机地结合起来，对自己所获得的新观点进行了综合性阐述。《手稿》包含着极为丰富的理论内容，可以帮助我们更加全面、深刻地认识和把握马克思思想形成和发展的脉络，加深对马克思主义科学的世界观和历史观的理解。同时应该看到，《手稿》作为马克思主义形成过程中的著作，既包含了许多新的重要的思想观点，又不可避免地带有费尔巴哈哲学的痕迹。正因如此，1932 年《手稿》全文发表以后，围绕《手稿》的理解和评价一直存有激烈的争论。有的学者因《手稿》中的人本主义因素而贬低甚至全盘否定其理论价值；有的学者则相反，无限度地拔高《手稿》的地位，用《手稿》否定马克思后来的思想发展、否定马克思之后的全部马克思主义的发展。对此，我们必须正确认识《手稿》的理论价值和现实意义，准确理解和把握《手稿》中的思想观点。

《手稿》关于异化的思想，对于深刻认识当今资本主义社会具有重要价值。尽管资本主义经过长期发展，已经发生了许多新的变化，但是马克思在《手稿》中所揭露的异化劳动以及资本主义社会中人的异化现象并没有得到根本消除。在当代资本主义国家，异化日益广泛地渗透在消费、市场、交往、生态等日常生活的方方面面。因此，马克思关于异化的思想对于分析批判资本主义仍具有强大的生命力。只要存在着雇佣劳动与资本的关系，马克思的异化思想就不失为一种有效的思想批判武器。

《手稿》关于人的自由的思想,对于促进人的全面发展具有重要指导作用。马克思批判异化劳动的目的是为了通过扬弃异化而实现对人的本质的全面占有,以促进人的自由而全面的发展。这一价值指向对于我们推进经济社会的全面发展,促进社会主义现代化建设,具有重要的指导意义。在当代中国,贯彻和落实"以人民为中心"的发展理念,必须坚持人民立场,坚持人民主体地位,解决好"为了谁、依靠谁、我是谁"的问题,把人民对美好生活的向往始终作为奋斗目标,为每个人的成长发展创造更加有利的条件。要切实维护人民的利益,把人民拥护不拥护、赞成不赞成、高兴不高兴、答应不答应作为衡量一切工作得失的根本标准,着力解决好人民最关心最直接最现实的利益问题,让人民群众在改革和建设中有更多的获得感和幸福感。

《手稿》关于人与自然、人与人相统一的思想,对于促进我国社会主义文明建设具有重要的方法论意义。马克思指出,共产主义"作为完成了的自然主义,等于人道主义,而作为完成了的人道主义,等于自然主义,它是人和自然界之间、人和人之间的矛盾的真正解决,是存在和本质、对象化和自我确证、自由和必然、个体和类之间的斗争的真正解决。"[1] 这里主要涉及人与

---

[1] 《马克思恩格斯文集》第 1 卷,人民出版社 2009 年版,第 185 页。

自然、人与社会的关系。社会主义文明建设是一个系统工程，需要正确处理好人与自然、人与社会的关系。在人与自然的关系上，要大力倡导和践行生态文明的思想，坚持节约资源和保护环境的基本国策，坚定走生产发展、生活富裕、生态良好的文明发展道路，建设美丽中国。在人与社会的关系上，要全面推进社会主义法治建设和道德建设，坚持依法治国和以德治国相结合，有效化解改革和发展中的各种矛盾，促进社会主义现代化建设顺利进行。

四、延伸阅读

1. 马克思：《〈黑格尔法哲学批判〉导言》，《马克思恩格斯文集》第 1 卷，人民出版社 2009 年版。

2. 马克思：《论犹太人问题》，《马克思恩格斯文集》第 1 卷，人民出版社 2009 年版。

3. 恩格斯：《国民经济学批判大纲》，《马克思恩格斯文集》第 1 卷，人民出版社 2009 年版。

4. 马克思：《〈政治经济学批判〉序言》，《马克思恩格斯文集》第 2 卷，人民出版社 2009 年版。

五、思考题

1. 如何科学评价《手稿》在马克思主义形成中的历史地位？

2.《手稿》是如何通过对异化劳动的探讨解答人类"历史之谜"的?

3. 当代资本主义条件下的异化具有哪些新现象和新特点?

4. 在当代中国,马克思的异化劳动思想对于正确处理好人与自然、人与社会以及人与自身的关系有何启迪?

马克思:《关于费尔巴哈的提纲》^①

一、写作背景

适应工人运动的发展,为无产阶级铸造理论武器。1845
年年初,由于受到普鲁士政府和法国政府的迫害,马克思离
开巴黎来到布鲁塞尔。在布鲁塞尔期间,马克思与恩格斯一
道,深入工人中间并同工人组织建立了广泛的联系。他们都
迫切地感到,有义务科学地阐明自己的观点,以便使新的思
想观点能被工人阶级所接受。在当时工人阶级内部,存在
着各种资产阶级和小资产阶级社会主义思潮。青年黑格尔
派的唯心主义对工人阶级的影响还继续存在,费尔巴哈的
人本主义对工人阶级也有较大的影响。清算这些对有组织
的无产阶级产生消极和阻碍作用的错误思潮,特别是从理
论上批判费尔巴哈,为无产阶级锻造新的理论武器,是马
克思写作《关于费尔巴哈的提纲》(以下简称《提纲》)
的重要动因。

批判以往的旧哲学,阐明新的世界观。在布鲁塞尔,马克思
继续研究政治经济学,大体上完成了阐发唯物主义历史观的工

---

① 选自《马克思恩格斯文集》第 1 卷,人民出版社 2009 年版。

作,并把新世界观的基本要点整理出来。恩格斯后来回忆说,当他们在布鲁塞尔再次会面时,马克思已"大致完成了阐发他的唯物主义历史理论的工作,于是我们就着手在各个极为不同的方面详细制定这种新形成的世界观了"①。《提纲》就是马克思为详细制定这种新形成的世界观而拟定的一个大纲。费尔巴哈哲学是黑格尔哲学和马克思的新哲学之间的一个环节。尽管马克思从来就不是正统的"费尔巴哈派",但费尔巴哈人本主义的唯物主义对于正在探索中的马克思来说,无疑具有重要影响。随着研究的深入,马克思对费尔巴哈的抽象人本学逐渐产生了怀疑,并予以批判。正如恩格斯所说:"对抽象的人的崇拜,即费尔巴哈的新宗教的核心,必定会由关于现实的人及其历史发展的科学来代替。这个超出费尔巴哈而进一步发展费尔巴哈观点的工作,是由马克思于 1845 年在《神圣家族》中开始的。"② 在《提纲》中,马克思比较全面地批判了费尔巴哈哲学,以纲要的简明形式阐述了"新唯物主义"的基本观点。真正完成对费尔巴哈的超越是以《提纲》和《德意志意识形态》为标志的。

《提纲》是马克思于 1845 年春写就的供以后研究用的笔记,并未打算发表。1888 年,恩格斯在出版其《路德维希·费尔巴哈和德国古典哲学的终结》时,将之作为附录予

① 《马克思恩格斯文集》第 4 卷,人民出版社 2009 年版,第 232 页。
② 《马克思恩格斯文集》第 4 卷,人民出版社 2009 年版,第 295 页。

以刊出。

二、主要内容

《提纲》由十一条构成，以高度浓缩的形式集中凝结了马克思在这一阶段所获得的理论成果，有着十分深刻和丰富的内涵。从总体上看，实践的观点是贯穿《提纲》的基本观点，其中每一条分别从不同的角度阐述了实践的地位和作用。

1. 实践的观点是"新唯物主义"的核心观点

马克思指出："从前的一切唯物主义——包括费尔巴哈的唯物主义——的主要缺点是：对对象、现实、感性，只是从客体的或者直观的形式去理解，而不是把它们当做人的感性活动，当做实践去理解，不是从主体方面去理解。"① 这是统揽《提纲》全文的总纲，也是马克思"新唯物主义"的核心所在。在哲学史上，旧唯物主义，包括费尔巴哈的唯物主义，虽然看到了外部世界的客观性及其对人类思维的决定作用，但它们把对象、现实、感性只看做是"感性对象"，而不是"感性活动"。由于包括费尔巴哈在内的旧唯物主义者离开"感性活动"即人的实践活动去理解客观对象，因此，他们并不了解"革命的""实践批判的"活动的意义，在世界观上陷入直观唯物主义。与此相

---

① 《马克思恩格斯文集》第 1 卷，人民出版社 2009 年版，第 503 页。

反,唯心主义虽然高扬了主体的能动性,论证了认识过程是通过主体自身的意识活动来构造和把握外部对象,但是否定了意识活动的物质基础,因而只是抽象地发展了主体的创造性和能动性。究其原因,同样是因为它不知道现实的、感性的活动本身。马克思的新唯物主义,坚持从实践活动出发来理解对象世界,认为我们所面对的现实世界,不仅是自然的世界,更重要的是人的实践活动的产物。

实践作为人类改造世界的物质活动,既是一种感性的物质活动,又是一种主体的能动活动。在这种活动中,思维与存在、主体与客体获得具体、历史的统一。"人应该在实践中证明自己思维的真理性,即自己思维的现实性和力量,自己思维的此岸性。"① 关于离开实践的思维的现实性或非现实性问题,是一个纯粹经院哲学的问题。由于实践包含着人与自然、人与社会、人与自身的关系,因而实践不仅构成了现存感性世界的切近的基础,而且是人类所面临的一切现实关系和矛盾的总根源,也是调整和改变这种关系、扬弃和克服这种矛盾的内在动力。以实践的观点来把握世界,必然要求"把感性世界理解为构成这一世界的个人的全部活生生的感性活动"②,要求把对象、现实、感性

---

① 《马克思恩格斯文集》第 1 卷,人民出版社 2009 年版,第 500 页。
② 《马克思恩格斯文集》第 1 卷,人民出版社 2009 年版,第 530 页。

"当做感性的人的活动，当做实践去理解"①，同时要求哲学面向现实世界，实际地"改变世界"。

2. 以实践观为基础的唯物史观的基本观点

关于人与环境的关系。18 世纪的法国唯物主义者和空想社会主义者都曾提出过"人是环境和教育的产物"的命题。这一命题包含了唯物主义的合理因素，但是，由于这种学说忘记了环境正是由人来改变的，而教育者本人是一定要受教育的，忘记了环境和人都是由实践来加以改变的，因而最终导向了"意见支配世界"的唯心史观。从新唯物主义观点看，"环境的改变和人的活动或自我改变的一致，只能被看做是并合理地理解为革命的实践。"② 这就是说，实践是人与环境统一的基础。一方面，在实践活动中，人作为能动的主体改变着环境，不断地把"自在之物"纳入属人的世界，使之变为"为我之物"；另一方面，在实践活动中，环境作为人的活动的客观条件，对于人的生存和发展具有重要的影响和制约作用。因此，在实践的基础上，人和环境相互作用、相互建构，"人创造环境，同样，环境也创造人"③。

关于宗教观。费尔巴哈的宗教批判超越了以往的无神论者。

---

① 《马克思恩格斯文集》第 1 卷，人民出版社 2009 年版，第 499 页。
② 《马克思恩格斯文集》第 1 卷，人民出版社 2009 年版，第 500 页。
③ 《马克思恩格斯文集》第 1 卷，人民出版社 2009 年版，第 545 页。

他既不像德国的施特劳斯和鲍威尔那样把对基督教的批判局限于烦琐的历史考证，也不像 17、18 世纪的法国唯物主义者简单地把宗教归结为无知和欺骗的产物。费尔巴哈极力论证宗教中的神不过是人的"类本质"的对象化，而人们之所以这样做又是由其依赖感、恐惧心和利己心等心理原因决定的。他力图揭示宗教赖以产生的深刻的认知和心理根源，并希望通过这种批判把宗教的世界归结为它的世俗基础，把被神所剥夺了的人的本质复归于人，这正是其功绩之所在。但是，费尔巴哈的宗教批判仍然是不彻底的。他没有进一步揭露造成宗教的自我异化的世俗根源，即"世俗基础的自我分裂和自我矛盾"，更没有认识到需要用"在实践中使之革命化"的方法来排除这种矛盾。马克思认为，宗教作为虚幻的颠倒的世界观，其产生和存在有其深刻的社会根源和阶级根源。因此，宗教批判的关键在于，对于社会这个世俗基础本身，首先应当从它的矛盾中去理解，然后用消除这种矛盾的方法在实践中使之革命化。

关于人的本质。马克思关于人的本质的思想有一个发展过程。在《1844 年经济学哲学手稿》中，马克思着重探讨了人的"类本质""类特性"，并将其归结为人的"自由的有意识的活动"①。在《神圣家族》中，马克思把对人的本质的研究视角转

---

① 《马克思恩格斯文集》第 1 卷，人民出版社 2009 年版，第 162 页。

向了"现实的人"。在《提纲》中，马克思提出，"人的本质不是单个人所固有的抽象物，在其现实性上，它是一切社会关系的总和"①。马克思关于人的本质的观点的方法论包含三个方面的内涵：第一，从人的实践活动来理解人的本质。人的本质不是由人的抽象自然本性规定的，而是由人所从事的现实实践活动决定的。人正是在现实的实践活动中生成和确证自己的本质。第二，从现实的社会关系来把握人的本质。人总是处在一定的不以个人意志为转移的社会关系中，其中最根本的关系是生产关系。由于每个人在生产关系中所处的地位不同，因而在阶级社会中，人的本质又必然具有一定的阶级性。第三，从发展过程中来看待人的本质。由于生产关系和历史条件是不断变化的，因而人的本质也不是固定不变的，而是处在历史变动过程之中。马克思据此批判了费尔巴哈的直观的抽象人性论。费尔巴哈不满意黑格尔神秘的抽象思辨而诉诸感性的直观，但是由于他离开人的社会实践来理解人，因而把人理解为孤立的抽象个体，或者把所谓"宗教感情"亦即人与人之间的感情关系、心灵关系特别是人与人之间的爱，固定为一种脱离一定社会关系的"把许多个人纯粹自然地联系起来的普遍性"②，这就使得他在人性论上最终沦为历史唯心主义者。

---

① 《马克思恩格斯文集》第 1 卷，人民出版社 2009 年版，第 501 页。
② 《马克思恩格斯文集》第 1 卷，人民出版社 2009 年版，第 505 页。

关于社会生活的本质。"社会生活在本质上是实践的。"① 所谓社会生活的本质，是指社会生活的根本性质和存在方式。马克思最初通过对黑格尔法哲学的批判，而后又通过对政治经济学的研究和对市民社会的解剖，已明确地认识到，实践是人类社会赖以存在和发展的基础，是人的和社会的根本存在方式和基本生活内容，是人类社会生活和动物群体生活的根本区别。离开社会实践来谈论社会生活，必然陷入抽象的历史观。"社会生活在本质上是实践的"这一命题，是对《1844 年经济学哲学手稿》和《神圣家族》中关于生产劳动是历史发源地观点的总结和深化，因而更深刻地揭示了社会生活的基础、前提和本质，指明了如何科学地考察社会历史问题的基本原则和根本方法。马克思指出，在社会历史领域，只有从实践观出发，才能科学地理解并合理地解决那些"把理论诱入神秘主义的神秘东西"②，才能正确理解"市民社会"的内在结构和基本矛盾，从而找到解开"历史之谜"的钥匙。

3."新唯物主义"的基本特征

在《提纲》中，马克思将自己创立的哲学称为"新唯物主义"，从阶级基础、哲学功能、历史使命等方面论述了新唯物主

---

① 《马克思恩格斯文集》第 1 卷，人民出版社 2009 年版，第 505 页。
② 《马克思恩格斯文集》第 1 卷，人民出版社 2009 年版，第 505—506 页。

义与旧唯物主义的区别，阐明了实践性和阶级性是马克思主义哲学的基本特征。

首先是新唯物主义的实践性。"哲学家们只是用不同的方式解释世界，而问题在于改变世界。"① 当时活跃于德国哲学舞台上的哲学家们，如施特劳斯、鲍威尔和施蒂纳等，他们所做的种种努力都没有离开旧哲学的基地，而且局限于对宗教观念的批判。他们对现实的态度，只是向人们提出一种道德要求，要人们用人的、批判的或利己的意识来代替现有的意识，进而从其束缚中解放出来。这种改变意识的要求，归根到底就是通过另外的解释来承认现存的东西。马克思反对当时青年黑格尔派脱离实践斗争、"只是用不同的方式解释世界"② 的理论倾向，主张哲学不能满足于解释世界，而应当改变世界。

其次是新唯物主义的阶级性。"旧唯物主义的立脚点是'市民'社会；新唯物主义的立脚点则是人类社会或社会化的人类。"③ 所谓"市民社会"，是 18 世纪英国和法国资产阶级学者通用的一个概念，主要是指摆脱了古代和中世纪共同体的资本主义的财产关系和经济关系。所谓"人类社会或社会化的人类"，是指扬弃了异化、实现了全人类解放的共产主义社会。这就公开

---

① 《马克思恩格斯文集》第 1 卷，人民出版社 2009 年版，第 506 页。
② 《马克思恩格斯文集》第 1 卷，人民出版社 2009 年版，第 502 页。
③ 《马克思恩格斯文集》第 1 卷，人民出版社 2009 年版，第 506 页。

申明了新哲学的阶级属性和历史使命。

总之,《提纲》高度概括了"新唯物主义"的理论要点,这些基本要点在随后的《德意志意识形态》中得到了系统展开、深化和论证。

三、历史地位与当代价值

《提纲》是"包含着新世界观的天才萌芽的第一个文献"①。《提纲》虽然是一个笔记,但它却阐述了马克思的新唯物主义的基本要点,在新世界观的形成过程中具有十分重要的地位。从马克思主义哲学的发展过程来看,《提纲》和《德意志意识形态》是马克思主义哲学形成的标志。《提纲》所阐明的关于新唯物主义的基本观点,对于我们认识和把握马克思主义哲学,确立正确的世界观、人生观和价值观,都具有重要的意义。

实践的观点是深刻理解马克思主义哲学的主线。马克思主义哲学是包括唯物论、辩证法、认识论、历史观、价值观等在内的完整的世界观理论体系,其中实践的观点是马克思主义哲学的根本观点,是贯穿这些有机组成部分的一条红线。实践观不仅是马克思主义哲学整个世界观的理论基石,而且把其中各个部分内在地结合在一起。离开实践的观点,既不能理解马克思主义哲学的

---

① 《马克思恩格斯文集》第 4 卷,人民出版社 2009 年版,第 266 页。

基本内涵和精神实质，也不能理解马克思主义哲学的革命性
变革。

实践的观点是正确认识世界和改造世界的重要方法论。既然
思维的真理性只能在实践中得到证明，实践是认识的基础，那
么，只有立足于实践，并积极参加社会实践，才能深刻认识事物
的本质和规律，在实践中坚持真理和检验真理。既然人民群众是
社会实践的主体、是历史的创造者，那么，只有坚持一切为了群
众，一切依靠群众，从群众中来到群众中去的群众路线，才能制
定出正确的路线、方针和政策。既然实践是不断发展的，社会生
活是不断变化的，那么，要适应时代和社会的发展，就必须勇于
变革、勇于创新，永不僵化、永不停滞。

实践的观点是进行理论创新和实践创新的理论基础。时代
是思想之母，实践是理论之源。实践没有止境，理论创新也没
有止境。当代中国正经历着历史上最为广泛而深刻的社会变
革，也正在进行着人类历史上最为宏大而独特的实践创新。这
种前无古人的伟大实践，必将给理论创新提供更加强大的动力
和更加广阔的空间。为此，我们要坚持实践第一的观点，不断
推进实践基础上的理论创新。要善于聆听时代的声音，回应时
代的呼唤，根据时代变化和实践发展，不断深化认识，不断总
结经验，推动理论的深化和发展；同时要勇于坚持真理，修正
错误，脚踏实地，知行合一，在实践中不断推进中国特色社会

主义伟大事业。

四、延伸阅读

1. 马克思、恩格斯：《神圣家族》，《马克思恩格斯文集》第 1 卷，人民出版社 2009 年版。

2. 马克思、恩格斯：《德意志意识形态》，《马克思恩格斯文集》第 1 卷，人民出版社 2009 年版。

3. 恩格斯：《路德维希·费尔巴哈和德国古典哲学的终结》，《马克思恩格斯文集》第 4 卷，人民出版社 2009 年版。

4. 恩格斯：《反杜林论》（哲学编），《马克思恩格斯文集》第 9 卷，人民出版社 2009 年版。

五、思考题

1. 联系马克思主义哲学的革命性变革，深刻理解科学实践观在马克思主义哲学中的地位。

2. 联系我国改革和发展的实际，说明"人应该在实践中证明自己思维的真理性"的重要现实意义。

3. 如何以马克思主义实践观为指导，大力推进新时代理论创新和实践创新？

马克思、恩格斯：《德意志意识形态》（节选）①

【第一卷　第一章　费尔巴哈】

一、写作背景

批判青年黑格尔派哲学。黑格尔去世后，青年黑格尔派未能挖掘黑格尔哲学辩证法中的革命因素，只是在有关人的概念上大做文章，空谈所谓"人的解放"等。所谓德意志意识形态，就是指在德国流行的以鲍威尔、施蒂纳和费尔巴哈等为代表的意识形态，它离开了人的社会性、实践性，仍然属于思辨哲学。19世纪40年代，以鲍威尔为首的青年黑格尔派（特别是所谓的"自由人"）在政治立场上并没有摆脱自由主义，其"立足点"仍然是市民社会。有些人甚至明确反对共产主义，这一点在1844年6月爆发德国西里西亚纺织工人起义这一政治事件之后表现得尤为明显。因此，从理论前提上对青年黑格尔派的错误进行批判，进而为工人运动和共产主义运动提供理论指导，就成为马克思、恩格斯所不能回避的历史任务。按照马克思1846年8月1日致卡·威·列斯凯的信中的解释，在发表他的正面阐述

---

① 选自《马克思恩格斯文集》第1卷，人民出版社2009年版。

(即出版《政治与政治经济学批判》) 以前,先发表一部反对德国哲学和那一时期产生的德国社会主义的论战性著作,是很重要的。

阐明马克思、恩格斯自己的哲学见解。马克思、恩格斯都曾经是青年黑格尔派运动的活跃分子,信奉"自我意识"哲学 (特别体现在马克思的《博士论文》和恩格斯的《谢林和启示》中),后来随着思想观点的分歧越来越大,最后走向分道扬镳。现在力图通过对以前哲学信仰的清算,进行理论上的自我澄清,同时阐明当时已经形成的新的世界观。正如马克思在 1859 年《〈政治经济学批判〉序言》中写道:"我们决定共同阐明我们的见解与德国哲学的意识形态的见解的对立,实际上是把我们从前的哲学信仰清算一下。这个心愿是以批判黑格尔以后的哲学的形式来实现的。"①

《德意志意识形态》是马克思、恩格斯于 1845 年秋至 1846 年夏共同撰写的两卷本著作。第一卷批判了费尔巴哈、鲍威尔和施蒂纳的唯心史观,第二卷批判了当时在德国流行的所谓"真正的"社会主义或"德国社会主义"。《德意志意识形态》在马克思、恩格斯生前没有出版,其中第一卷第一章《费尔巴哈》是未完成稿。1932 年《德意志意识形态》全文第一次以德文发

---

① 《马克思恩格斯文集》第 2 卷,人民出版社 2009 年版,第 593 页。

表于《马克思恩格斯全集》历史考证版第一部分第 5 卷。1960
年出版的《马克思恩格斯全集》中文第 1 版第 3 卷依据《马克
思恩格斯全集》俄文第 2 版全文翻译了《德意志意识形态》。
1995 年出版的《马克思恩格斯选集》中文第 2 版所收录的《德
意志意识形态》第一章依照的是《费尔巴哈》章的德文单行本
1985 年版，这是国内学界目前通用的版本。

二、主要内容

1. "现实中的个人"是历史的前提

历史的前提，即唯物史观的出发点，是现实的个人。针对德
国哲学家把"绝对观念"或者"人"、理性作为历史的前提，没
有一个人想到要提出关于德国哲学和德国现实之间的联系问题，
关于他们所作的批判和他们自身物质环境之间的联系问题，马克
思、恩格斯指出：在思辨终止的地方，在现实生活面前，正是描
述人们实践活动和实际发展过程的真正的实证科学开始的地方。
历史的前提是人，但不是处在某种虚幻的离群索居和固定不变状
态中的人，而是处在现实的、可以通过经验观察到的、在一定条
件下进行活动的人。只要描绘出这个能动的生活过程，历史就不
再像抽象的经验论者所认为的那样，是一些僵死的事实的汇集，
也就不再像唯心主义者所认为的那样，是想象的、主体的活动。

现实的个人是依据一定的物质条件从事活动的人。现实中的

个人无疑是有生命的个人的存在,但真正形成现实中的个人是人的现实活动。一当人开始生产自己的生活资料的时候,人就开始把自己和动物区别开来。因而人是什么样的,这同他们的生产是一致的——既和他们生产一致,又和他们怎样生产一致。人们用以生产自己的生活资料的方式,取决于他们的物质生活条件。因而,个人是什么样的,又取决于他们进行生产的物质条件。马克思、恩格斯讲的"现实中的个人",其现实性就在于他们的活动和他们的物质条件。"这是一些现实的个人,是他们的活动和他们的物质生活条件,包括他们已有的和由他们自己的活动创造出来的物质生活条件。"①

作为历史前提的现实中的个人的活动包括四个方面:第一,物质生活资料的生产。为满足人类基本需要而进行的物质生活资料的生产,是现实的人生存和从事其他一切活动的首要前提,是一切历史的基本条件。第二,由新的需要引起的再生产。已经得到满足的第一个需要本身、满足需要的活动和已经获得的为满足需要而使用的工具又引起新的需要,从而推动人们进行再生产。第三,人类自身的生产。每日都在重新生产自己生命的人们开始生产另外一些人,即繁殖。第四,社会关系的生产。生命的生产,无论是通过劳动而达到的自己生命的生产,或是通过生育而

---

① 《马克思恩格斯文集》第 1 卷,人民出版社 2009 年版,第 519 页。

达到的他人生命的生产，表现为双重关系：一方面是自然关系，另一方面是社会关系。社会关系的含义在这里是指许多个人的共同活动。

2. 不是意识决定生活，而是生活决定意识

意识是社会的物质活动和物质关系的产物。思想、观念、意识的生产最初是直接与人们的物质生活活动，与人们的物质交往，与现实生活的语言交织在一起的。随着物质劳动和精神劳动的分离，意识才逐渐摆脱世界而去构造"纯粹的"理论、神学、哲学、道德等。但是，如果这些理论、神学、哲学、道德等和现存的关系发生矛盾，那么，这仅仅是因为现存的社会关系和现存的生产力发生了矛盾。意识在任何时候都只能是被意识到了的存在，而人们的存在就是他们的现实生活过程。甚至人们头脑中的模糊幻象也是他们的可以通过经验来确认的和与物质前提相联系的物质生活过程的必然升华物。因此，道德、宗教、形而上学和其他意识形式等便不再保留独立性的外观。发展着自己的物质生产和物质交往的人们，在改变自己的这个现实的同时也改变着自己的思维和思维的产物。

"不是意识决定生活，而是生活决定意识"①，这是唯物史观与唯心史观的根本区别。马克思、恩格斯指出，唯物主义历史观

————————

① 《马克思恩格斯文集》第 1 卷，人民出版社 2009 年版，第 525 页。

和唯心主义历史观不同，它不是在每个时代中寻找某种范畴，而是始终站在现实历史的基础上，不是从观念出发来解释社会实践，而是从社会实践出发来解释观念的形成。意识的一切形式和产物不是可以通过精神的批判来消灭的，不是可以通过把它们消融在"自我意识"中或化为"怪影""幽灵""怪想"等来消灭的，而只有通过实际地推翻这一切唯心主义谬论所产生的现实的社会关系，才能把它们消灭。马克思在《〈政治经济学批判〉序言》中重申："不是人们的意识决定人们的存在，相反，是人们的社会存在决定人们的意识。"① 这是历史观上的伟大变革，正如恩格斯所说："人们的意识取决于人们的存在而不是相反，这个原理看来很简单，但是仔细考察一下也会立即发现，这个原理的最初结论就给一切唯心主义，甚至给最隐蔽的唯心主义当头一棒。关于一切历史的东西的全部传统的和习惯的观点都被这个原理否定了。"②

任何占统治地位的思想都不过是占统治地位的物质关系在观念上的表现。马克思借用了法国思想家特拉西的意识形态概念，但将其基本含义从"观念科学"发展为"虚假意识"，创立了意识形态理论。马克思认为，统治阶级的思想在每一个时代都是占统治地位的思想，那些没有精神生产资料的人的思想，一般是隶

---

① 《马克思恩格斯文集》第 2 卷，人民出版社 2009 年版，第 591 页。
② 《马克思恩格斯文集》第 2 卷，人民出版社 2009 年版，第 598 页。

属于这个阶级的。占统治地位的思想不过是以思想的形式表现出来的占统治地位的物质关系，反映着一定的阶级利益。由于统治阶级内部的分工和利益需要，统治阶级往往赋予自己的思想以普遍性的形式，把本阶级的特殊利益说成是普遍利益，因此意识形态必然是虚假意识。马克思在《〈政治经济学批判〉序言》中进一步指出："在考察这些变革时，必须时刻把下面两者区别开来：一种是生产的经济条件方面所发生的物质的、可以用自然科学的精确性指明的变革，一种是人们借以意识到这个冲突并力求把它克服的那些法律的、政治的、宗教的、艺术的或哲学的，简言之，意识形态的形式。我们判断一个人不能以他对自己的看法为根据，同样，我们判断这样一个变革时代也不能以它的意识为根据；相反，这个意识必须从物质生活的矛盾中，从社会生产力和生产关系之间的现存冲突中去解释。"①

3. 生产力和交往形式（生产关系）的矛盾运动构成历史发展的动力

生产力与交往形式的矛盾运动推动社会历史的发展。现实的生产包含双重关系，即自然关系和社会关系。自然关系作为劳动的对象化活动，作为感性的对象性活动，其结果体现为生产力；社会关系作为许多个人的共同活动，体现为社会的生产关系，同

———————

① 《马克思恩格斯文集》第 2 卷，人民出版社 2009 年版，第 592 页。

时体现为人的一般交往活动。一定的生产方式始终是与一定的共同活动方式联系在一起的，生产力的状况决定着社会状况，因而必须把"人类的历史"同工业和交换的历史联系起来研究和探讨。生产以个人彼此之间的交往为前提，而交往形式又是由生产决定的。一切历史冲突都根源于生产力和交往形式之间的矛盾，已成为桎梏的旧交往形式必然会被适应于比较发达的生产力的新交往形式所代替。生产力和交往形式之间的这种矛盾运动不免要爆发为革命。正是通过对这种矛盾运动的分析，马克思揭示了人类历史发展的一般规律，论证了资本主义为共产主义所取代的历史必然性。在《〈政治经济学批判〉序言》中，马克思对这一原理作了经典表述："社会的物质生产力发展到一定阶段，便同它们一直在其中运动的现存生产关系或财产关系（这只是生产关系的法律用语）发生矛盾。于是这些关系便由生产力的发展形式变成生产力的桎梏。那时社会革命的时代就到来了。随着经济基础的变更，全部庞大的上层建筑也或慢或快地发生变革……"①

　　分工是联结生产力和交往形式的重要环节。一方面，生产力的发展水平是通过分工表现出来的。一个民族生产力发展的水平，最明显地表现为该民族分工的发展程度。另一方

①　《马克思恩格斯文集》第2卷，人民出版社2009年版，第591—592页。

面，任何新的生产力都会引起分工的进一步发展，而分工的发展必然改变人们和劳动条件、劳动资料、劳动产品的关系，从而改变人们的物质交往关系。因此分工反映的就是所有制，分工发展的各个不同阶段也就是所有制的各种不同形式。所有制的最初形式是部落所有制，后来又出现了古典古代的公社所有制和国家所有制以及封建的或等级的所有制。前资本主义社会的私有制还保留着共同体的形式。随着生产力和分工的发展，以及人们的交往和活动范围的扩大，最终产生了现代资产阶级私有制。

生产力和交往形式矛盾运动规律的发现，使得马克思、恩格斯对共产主义的科学论证超越了《1844 年经济学哲学手稿》关于异化劳动及其扬弃（即人性的复归）的思路，强调共产主义不是应当确立的状况，不是现实应当与之相适应的理想，而是消灭现存状况的现实的运动。这样，人的本质及其异化的问题，便被转化为人的现实的生产及其内在矛盾的历史变化问题。要认识和克服人的异化问题，必须诉诸改造世界的历史活动；不是用人性及其异化去说明历史，而是用历史去说明人性及其历史变化。

4. 实现共产主义的历史前提

共产主义的实现以生产力的巨大增长和交往的普遍发展为前提。如果没有生产力的充分发展，共产主义只会有贫穷、极端贫困的普遍化。而在极端贫困的情况下，必须重新开始争取必需品的斗争，全部陈腐污浊的东西又要死灰复燃。这是马克思、恩格斯继《1844年经济学哲学手稿》之后对粗陋的共产主义的又一次批判。共产主义同时又是以世界性普遍交往为前提的。随着生产力的发展，交往也会普遍扩大；普遍交往的发展，必然会打破各个国家、民族的限制，由此形成世界历史。"各个相互影响的活动范围在这个发展进程中越是扩大，各民族的原始封闭状态由于日益完善的生产方式、交往以及因交往而自然形成的不同民族之间的分工消灭得越是彻底，历史也就越是成为世界历史。"[①]与历史发展相适应，共产主义不是地域性的，而是世界历史性的。共产主义革命不能随心所欲地制造，必须具备一定的前提和条件。马克思后来在《〈政治经济学批判〉序言》中进一步阐述了"两个决不会"思想，即"无论哪一个社会形态，在它所能容纳的全部生产力发挥出来以前，是决不会灭亡的；而新的更高的生产关系，在它的物质存在条件在旧社会的胎胞里成熟以前，是决不会出现的"[②]。

共产主义就是要使"有个性的人"代替"偶然的人"。交往形式的历史既是生产力发展的历史，同时也是个人自身力量发展的历史。个人交往的条件本来是个人自主活动的条件，但后来就

---

① 《马克思恩格斯文集》第1卷，人民出版社2009年版，第540—541页。
② 《马克思恩格斯文集》第2卷，人民出版社2009年版，第592页。

逐渐转化为个人自主活动的桎梏。由于分工和个人相互之间的竞争与斗争，个人的生活条件对他们来说是偶然的，因此产生和发展了个人生活条件的偶然性。特别是在资本主义条件下，劳动已失去了任何自主活动的性质，成为摧残生命的方式，成为自主活动的否定方式。但是，个人只有在社会中并通过社会来获得他们自己的发展。也就是说，只有在共同体中，个人才能获得全面发展其才能的手段，才可能有个人自由。在共产主义条件下，联合起来的个人对生产力总和的占有以及由此而来的才能总和的发挥，实现了自主活动同物质生活的一致，实现了劳动向自主活动的转化。无产者为了实现自己的个性，必须推翻现有资产阶级国家。共产主义是真正的共同体，在这种共同体下，各个人在自己的联合中并通过这种联合获得自己的自由。

三、历史地位与当代价值

《德意志意识形态》首次系统阐述了唯物史观，是马克思主义哲学形成的标志之一。虽然在马克思、恩格斯生前没有出版，但它在马克思主义哲学发展史上具有非常重要的地位。它所阐发的唯物史观作为马克思的第一个伟大发现，为科学社会主义奠定了理论基础，使不久之后《共产党宣言》的问世成为可能。

理解把握唯物史观的经典文献。《德意志意识形态》提出了历史唯物主义基本概念，如现实的个人、生产力、交往形式、分工、世界历史等;阐明了历史唯物主义核心命题——不是意识决定生活,而是生活决定意识;论述了历史唯物主义基本原理,如生产力与生产关系矛盾运动规律、经济基础与上层建筑矛盾运动规律、社会形态依次更替规律等。这些基本概念、命题和原理构成了唯物史观的内核。要科学准确地理解和把握历史唯物主义,就必须认真学习《德意志意识形态》这一经典文献;也只有在坚持历史唯物主义基本原理的基础上,才能科学开辟马克思主义哲学发展的新境界。

科学认识和处理社会基本矛盾的理论依据。《德意志意识形态》强调一切历史冲突都根源于现实生产的内在矛盾,揭示了生产力与生产关系、经济基础与上层建筑基本矛盾运动及其规律,为我们科学把握中国社会基本矛盾、全面深化改革提供了坚实的理论基础。坚持和发展中国特色社会主义,必须不断适应社会生产力发展调整生产关系,不断适应经济基础发展完善上层建筑。全面深化改革,就是要适应我国社会基本矛盾运动的变化来推动各种社会变革、推进社会发展。社会基本矛盾总是不断发展的,所以生产关系和上层建筑也是需要不断调整的。改革开放只有进行时、没有完成时,这是历史唯物主义的基本态度。

推进中国特色社会主义建设的科学指南。《德意志意识形态》科学论证了共产主义实现的历史前提,首先是生产力的高度发展,其次是交往的普遍发展。这为我们在新时代推进中国特色社会主义建设提供了科学指南。社会主义的根本任务是解放和发展生产力，我国解决所有问题的关键是坚持发展。为此，我们必须贯彻新发展理念，建设现代化经济体系，推动社会生产力不断持续健康发展，加快社会主义现代化全面建设。同时，当今人类交往的世界性比过去任何时候都更深入、更广泛，各国相互联系和彼此依存比过去任何时候都更频繁、更紧密。我们要自觉适应全球化发展趋势，站在世界历史的高度审视当今世界发展趋势和面临的重大问题，更加积极地对外开放，推动经济全球化朝着更加开放、包容、普惠、平衡、共赢的方向发展；积极参与全球治理体系改革和建设，同各国人民一道努力构建人类命运共同体，建设持久和平、普遍安全、共同繁荣、开放包容、清洁美丽的世界。

加强意识形态建设的思想指引。《德意志意识形态》深刻揭示了意识形态的本质，强调占统治地位的思想不过是以思想的形式表现出来的占统治地位的物质关系，强调意识形态对社会生活具有重要影响。这些思想为我们分析各种新社会思潮提供了有力的理论武器。一些资产阶级理论家总是喜欢把代表资产阶级利益的理论和价值观冒充为普世的理论和价值观，并采取不同方式推行其思想观念。为此，我们必须保持清醒的头脑，增强理论鉴别力。这就要在当前纷繁复杂的意识形态领域中，牢牢掌握意识形态工作领导权和话语权，坚持以马克思主义为指导，加强社会主义意识形态建设。

四、延伸阅读

1. 马克思：《致帕·瓦·安年科夫》（1846 年 12 月 28 日），
《马克思恩格斯文集》第 10 卷，人民出版社 2009 年版。

2. 马克思：《哲学的贫困》，《马克思恩格斯文集》第 1 卷，
人民出版社 2009 年版。

3. 马克思：《路易·波拿巴的雾月十八日》，《马克思恩格斯
文集》第 2 卷，人民出版社 2009 年版。

4. 马克思：《〈政治经济学批判〉序言》，《马克思恩格斯文
集》第 2 卷，人民出版社 2009 年版。

五、思考题

1. 如何理解唯物史观与共产主义的关系？

2. 如何理解"只有在共同体中才可能有个人自由"的观点？

3. 如何看待意识形态领域的斗争？

4. 如何理解唯物史观对当今中国改革和发展的现实意义？

马克思、恩格斯：《共产党宣言》①

一、写作背景

工人运动的深入发展呼唤正确的理论指导。19 世纪 40 年代，西欧主要资本主义国家已从工场手工业阶段进入机器大工业阶段，工业革命极大地促进了资本主义经济的发展。与此同时，资本主义的内在矛盾也日益暴露出来，导致周期性经济危机的出现。经济危机使社会生产力受到重大破坏，给无产阶级和劳动人民带来深重灾难。随着各种社会矛盾不断暴露，无产阶级反对资产阶级的斗争日益激烈。1831 年到 1848 年间，在英国、法国和德国先后爆发了三大工人运动，无产阶级作为独立的政治力量已经登上历史舞台。无产阶级反对资产阶级的斗争亟须正确的理论来指导。但当时流行的各种社会主义学说和思潮，不是与工人运动相距太远，就是因其理论错误难以成功地指导实践。为了给工人运动提供理论武装，必须与各种学说、思潮划清界限并肃清其思想影响，必须阐述清楚科学社会主义的基本原则和立场。《共产党宣言》就是在这种条件下诞生的。

第一个国际无产阶级政党的建立需要充分的理论准备。要把

---

① 选自《马克思恩格斯文集》第 2 卷，人民出版社 2009 年版。

各国分散的工人运动有效地组织起来并使之顺利进行，必须建立无产阶级的政党。1846 年 2 月，马克思、恩格斯在布鲁塞尔建立共产主义通讯委员会，为建党着手做思想上和组织上的准备。1847 年 1 月，正义者同盟领导成员邀请马克思、恩格斯加入同盟，并对同盟进行改造，马克思、恩格斯接受了邀请。同年 6 月，同盟在伦敦举行第一次代表大会，恩格斯出席了这次大会。在他的指导下，大会制定了新的章程，并将"正义者同盟"改名为"共产主义者同盟"。1847 年 6 月，恩格斯为同盟起草了第一个纲领草案——《共产主义信条草案》。同年 10 月底到 11 月初，恩格斯在信条草案的基础上写成了《共产主义原理》。1847 年 11 月，马克思、恩格斯出席了共产主义者同盟在伦敦举行的第二次代表大会。大会委托他们以宣言的形式拟定同盟的正式纲领。1848 年 2 月，《共产党宣言》（以下简称《宣言》）在伦敦正式发表。《宣言》的发表体现了无产阶级政党是科学社会主义与工人运动相结合的产物。

二、主要内容

1. 生产方式内在矛盾运动与资本主义发展规律

贯穿《宣言》的基本思想是：每一历史时代的经济生产及必然由此产生的社会结构，是该时代政治的和精神的历史赖以确立的基础。阶级和阶级斗争就是由每一时代的生产方式以及由此产生的社会结构形成和发展起来的。《宣言》从历史和现实两个方面对阶级斗争作了具体分析。从历史发展即纵向的角度来看，原始土地公有制解体以来，全部历史都是阶级斗争的历史。在奴隶社会有自由民和奴隶、贵族和平民的斗争，在封建社会有领主和农奴、行会师傅和帮工的斗争，在资本主义社会，资产阶级和无产阶级新的斗争代替了以前旧的斗争。这些斗争都是由一定的生产方式及其内在矛盾造成的。从现实状况即横向的角度来看，资本主义社会阶级斗争的特征、规律和必然结局等都是由资本主义生产方式及其内在矛盾决定的。资本主义社会的阶级关系，消除了以往奴隶社会和封建社会的等级特征，直接表现为阶级对立；资本主义社会的阶级关系日益简单化，整个社会日益分裂为两大敌对的阵营，分裂为两大对立的阶级，即资产阶级和无产阶级。

现代资产阶级和资本主义社会是在封建社会内部逐渐形成的，是生产方式和交换方式多次变革的产物。最初的资产阶级是从中世纪的农奴中分化出来的"城关市民"中产生的。由于美洲和非洲新航路的发现，给这些新兴资产阶级开辟了新的活动场所。世界贸易的扩展和殖民化的推进，大大刺激了商业、航海业和工业的发展，促进了封建社会生产方式的崩溃。从前封建的或者行会的手工业组织不再能够适应日益发展的生产力的需要，取而代之的是作为资本主义生产方式初期形式的工场手工业的出现。然而，随着蒸汽和机器引起的工业革命的爆发，工场手工业也不能满足这种需求了。于是现代机器大工业代替了工场手工业，随之而来的则是现代资产阶级和资本主义的产生。

资本主义社会同封建社会一样，仍然是历史发展中的一个特定的阶段。随着社会生产力的进一步发展，类似的运动又会重复出现。那个曾经仿佛用法术创造了极其庞大的生产资料和交换手段的现代资产阶级社会，现在却像一个魔法师一样不能再支配自己用法术呼唤出来的魔鬼了。资产阶级的所有制关系与日益发展着的生产力发生了尖锐的矛盾。这种矛盾的具体表现就是周期性危机的出现。经济危机表明生产力已经发展到资本主义所有制关系所不能容纳的程度，这种关系已经严重阻碍了生产力的发展。资产阶级曾经用来推翻封建制度的武器，现在却对准资产阶级自己了。资产阶级的灭亡和无产阶级的胜利是同样不可避免的，这是资本主义发展的必然结果。

2. 资产阶级的历史作用与无产阶级的历史使命

《宣言》不仅深刻揭示了资本主义产生、发展和必然灭亡的客观规律，而且科学地说明了资产阶级和无产阶级的历史地位及其历史作用。

资产阶级在历史上曾经起过非常革命的作用。资产阶级破坏了一切封建的、宗法的和田园诗般的关系，代之以纯粹的雇佣关系和金钱关系；资产阶级使生产工具不断得到变革，从而使生产关系和全部社会关系不断革命化；资产阶级开拓了世界市场，使一切国家的生产和消费都相互依赖；资产阶级创立了巨大的城市，以先进的工业改造了落后的农业；资产阶级在政治上打破了各自独立的封建割据状态，建立了统一的民族国家；资产阶级在它不到一百年的阶级统治中所创造的生产力，比过去一切世代的全部生产力还要多、还要大。但是，资产阶级在发挥历史进步作用的同时，也制造着深刻的矛盾：它"用公开的、无耻的、直接的、露骨的剥削代替了由宗教幻想和政治幻想掩盖着的剥削"①；它使财产聚集在少数人的手里，加剧了无产者和劳动人民的贫困；它使人淹没在利己主义打算的冰水之中，把人的尊严变成了交换价值。对资产阶级历史作用的分析和评价，充分体现了历史唯物主义和历史辩证法。

无产阶级是和资产阶级同时产生和发展起来的。消灭阶级和阶级的统治，实现共产主义，是无产阶级的历史使命。完成这一历史使命是由其阶级特点所决定的：第一，无产阶级是最先进的阶级。它是机器大工业的产物，其生存和发展是和机器大工业紧密联系在一起的。无产阶级随着机器大工业发展不断成长壮大，是先进生产力的代表。第二，无产阶级是最革命的阶级。无产阶

---

① 《马克思恩格斯文集》第 2 卷，人民出版社 2009 年版，第 34 页。

级"是资产阶级的、资产阶级国家的奴隶"①,处于"社会的最下层"②,没有什么必须可保护的东西,只有推翻资本主义剥削制度,才能改变自己的命运。正因为它代表了新的生产关系,反映了制度变革的要求,所以能够成为"真正革命的阶级"。第三,无产阶级是最有组织性和纪律性的阶级。社会化大生产培养出无产阶级高度的组织性和纪律性;在反对资产阶级的共同斗争中,这种组织性和纪律性得到进一步的加强。

无产阶级只有解放全人类,才能最后解放自己。只要世界上还存在着人剥削人的制度,无产阶级就不能彻底获得解放。无产阶级反对资产阶级的斗争,按其内容来说,是要消灭一切剥削制度,在全世界实现共产主义;按其形式来说,各国无产阶级首先面临的敌人是本国的资产阶级,直接的斗争舞台在本国,打倒了本国的资产阶级,也就削弱了国际资产阶级的力量,打击了共同的敌人。

实现无产阶级的历史使命,必须有无产阶级政党的正确领导。共产党人除了代表无产阶级的根本利益之外,没有自己的特殊利益。共产党人的最近目的是使无产阶级夺取政权,最终目的是消灭私有制。为此,在实际斗争中,必须把当前利益同长远利

---

① 《马克思恩格斯文集》第 2 卷,人民出版社 2009 年版,第 38 页。
② 《马克思恩格斯文集》第 2 卷,人民出版社 2009 年版,第 42 页。

益结合起来，必须制定出一整套正确的斗争策略，这就是要具体地分析国内和国际的经济、政治和阶级关系状况，以采取不同的策略。

3. 共产主义的性质与未来社会的设想

共产主义就其性质来说就是要消灭私有制。共产主义所要消灭的不是任何其他的所有制，而是资产阶级所有制。资产阶级所有制是私有制的最后和最完备的形式，也是私有制发展的最高阶段，消灭资产阶级所有制也就是消灭了人类社会的最后一种私有制。消灭私有制并不是像资产阶级所说的那样要消灭个人劳动获得的财产，二者是完全不同的两个概念。共产主义革命要实现两个"最彻底的决裂"①：一是同"传统的所有制关系"即资本主义私有制及一切私有制关系，实行最彻底的决裂；二是同"传统的观念"即反映和维护私有制的观念及其他愚昧、落后的观念，实行最彻底的决裂。"决裂"是辩证的否定，是扬弃。对于私有制，并不是要完全抛弃以往所有制形式下所创造的一切物质成果和精神成果，而是要将这些成果加以合理的继承和改造，使之成为社会发展的共同财富；对于传统的观念，并不是把以前社会所创造的一切思想、文化统统抛弃，而是要依据新的社会实践要求，进行合理的批判继承，使之得以发展创新。

----

① 《马克思恩格斯文集》第 2 卷，人民出版社 2009 年版，第 52 页。

对于未来社会,马克思的设想是:"代替那存在着阶级和阶级对立的资产阶级旧社会的,将是这样一个联合体,在那里,每个人的自由发展是一切人的自由发展的条件。"① 这一设想深刻阐明了个人发展与社会发展的辩证关系。首先,实现一切人的自由发展,必须使每个人都得到自由发展。假如每个人的自由发展受到阻碍和限制,一切人的自由发展将会落空。其次,实现每个人的自由发展,又必须以"自由人联合体"的形成为前提。只有在这样的共同体中,个人才能获得全面发展其才能的条件和可能。

资产阶级诬蔑共产党人要消灭个性和自由,这是恶意的歪曲。在资本主义社会里,只有资产者有个性和独立性,无产者没有个性和独立性。资产阶级所理解的个性,"不外是资产者、资产阶级私有者"②。共产党所要消灭的是资产阶级的个性和独立性,发展的是人的"自由个性"。自由也是如此。在资本主义社会里,所谓自由就是自由贸易、自由买卖、自由占有雇佣工人的劳动。共产党所要消灭的就是资产阶级的自由,实现的是每个人和一切人的自由。

实现共产主义的途径和任务,首先是通过工人革命使无产阶级上升为统治阶级,争得民主;其次是无产阶级利用自己的政治

---

① 《马克思恩格斯文集》第 2 卷,人民出版社 2009 年版,第 53 页。
② 《马克思恩格斯文集》第 2 卷,人民出版社 2009 年版,第 47 页。

统治，一步步地夺取资产阶级的全部资本，建立生产资料公有制；最后是充分利用新的生产关系，尽可能快地增加生产力的总量。为了迅速发展经济，尽可能快地增加生产力的总量，"首先必须对所有权和资产阶级生产关系实行强制性的干涉"①，包括剥夺者被剥夺，按照总的计划发展生产，以满足全体社会成员的需要。

4. 资本扩张与世界历史

《宣言》研究资本主义和共产主义的发展始终是和世界历史联系在一起的，特别是用世界历史的观点来审视资本主义社会发展。《宣言》认为，地理大发现和商业革命拉开了世界历史的序幕，世界历史的形成主要是由资本主义生产方式矛盾运动推动的。从生产力角度看，世界历史的形成是由生产力发展以及由此产生的交往普遍发展而引起的。就其实际进程来说，首先是生产力的发展引起分工的扩大，随之引起交往的发展；交往的发展使得商业贸易普遍繁荣，进而冲破国内市场走向世界市场；世界市场的出现使得各个国家、民族卷入普遍竞争，而普遍竞争又大大促进了大工业的发展，大工业的发展逐渐打破了各个国家、民族的界限，开创了世界历史。从生产关系角度看，世界历史的形成和发展主要是由资本的本性决定的，是资本扩张的结果。"不断

---

① 《马克思恩格斯文集》第 2 卷，人民出版社 2009 年版，第 52 页。

扩大产品销路的需要，驱使资产阶级奔走于全球各地。它必须到处落户，到处开发，到处建立联系。"① 由此冲破了各个国家、民族原有的孤立状态，使之日益紧密地连成一个相互依存的世界整体。

世界历史的形成对于社会发展有着重大影响：世界市场的开拓，使一切国家的生产和消费都具有世界性；新的工业的建立已成为一切文明民族生死攸关的大问题；各个国家的物质生产和精神生产都相互影响、相互依赖，各民族的精神产品成了公共的财产，"由许多种民族的和地方的文学形成了一种世界的文学"②；世界历史的推进，把一切民族甚至最野蛮的民族都卷到文明中来。

在资本的统治下，世界体系又形成了深刻的矛盾。其世界格局是：资产阶级使未开化和半开化的国家从属于文明的国家，使农民的民族从属于资产阶级的民族，使东方从属于西方。

世界历史的发展趋势是共产主义。世界历史给共产主义创造了物质前提，即通过世界市场和普遍竞争造成生产力的巨大发展；世界历史为共产主义创造了社会条件，即形成"世界历史性的"无产阶级。正因为共产主义是世界历史性的事业，因而

---

① 《马克思恩格斯文集》第 2 卷，人民出版社 2009 年版，第 35 页。
② 《马克思恩格斯文集》第 2 卷，人民出版社 2009 年版，第 35 页。

无产阶级和共产党人的斗争口号是:"全世界无产者,联合起来!"①

5. 共产主义与各种社会主义思潮的原则界限

共产主义既是一种运动和制度,又是一种思想。《宣言》批判地考察了当时流行的各种社会主义思潮,阐明了共产主义的基本立场和观点。当时流行的各种社会主义思潮主要有三类:一是"反动的社会主义",包括封建的社会主义、小资产阶级的社会主义、"真正的"社会主义;二是"保守的或资产阶级的社会主义";三是"批判的空想的社会主义和共产主义"。各种社会主义思潮都是指向资本主义批判,但其立场和出发点不同,因而用以评价资本主义社会的尺度以及由此得出的结论也不同。封建的社会主义是一种倒退的历史观,它批判资本主义是为了恢复封建社会所有制关系;小资产阶级的社会主义"是用小资产阶级和小农的尺度去批判资产阶级制度"②,它力图恢复旧的所有制关系和旧的社会制度;"真正的"社会主义则是"关于真正的社会、关于实现人的本质的无谓思辨"③,企图用人的本质异化和复归来说明和改造现有社会;"保守的或资产阶级的社会主义"是只愿意要资本主义社会的生存条件,不愿意要由这些条件必然

① 《马克思恩格斯文集》第 2 卷,人民出版社 2009 年版,第 66 页。
② 《马克思恩格斯文集》第 2 卷,人民出版社 2009 年版,第 56 页。
③ 《马克思恩格斯文集》第 2 卷,人民出版社 2009 年版,第 58 页。

产生的弊端和危险，企图通过消除现存的社会弊病而保障资本主义社会的生存；"批判的空想的社会主义和共产主义"试图通过所谓和平示范的实验方式来实施自己苦心孤诣设计出来的未来社会，并以此来超越现存的资本主义社会。

尽管这三类社会主义思潮表现形式有诸多不同，目标也相去甚远，但它们有一点是相同的：反对阶级斗争，尤其是反对无产阶级革命运动。没有一种思潮能够清楚地看到无产阶级的"历史主动性"，更看不到无产阶级解放的物质条件已经在现代社会的历史进程中奠定了基础。造成这种状况的原因，在于缺少正确的历史观。

同上述思潮相反，马克思、恩格斯阐述的社会主义和共产主义理论建立于唯物史观基础之上，它是在分析资本主义生产方式及其运动规律的过程中形成和发展起来的。它所阐述的各种思想、观点，是对历史发展实际进程和内在规律的真实反映和概括。《宣言》对各种社会主义思潮的分析批判，为后来国际共产主义运动开展反对形形色色的机会主义的斗争树立了榜样，同时也为我们提供了一个用唯物史观评价各种思潮的典范。

三、历史地位与当代价值

《宣言》的问世是人类思想史上的一个伟大事件。《宣言》是第一次全面阐述科学社会主义原理的伟大著作，《宣言》深刻阐述了马克思主义的科学世界观，深刻阐述了马克思主义政党的先进品格，深刻阐述了马克思主义政党的政治立场，深刻阐述了马克思主义政党的崇高理想，深刻阐述了马克思主义的革命纲领，深刻阐述了马克思主义政党的国际主义精神。《宣言》的发表，标志着马克思主义的问世，标志着马克思主义同工人运动的结合。它为无产阶级反对资产阶级的斗争提供了强大的思想武器，是实现人类解放的行动指南。《宣言》发表以来，先后被翻译成200多种文字，是全世界传播时间最长、流传领域最广、拥有读者最多、影响时间最久的政治性文献。列宁认为，这本书虽然"篇幅不多，价值却相当于多部巨著：它的精神至今还鼓舞着、推动着文明世界全体有组织的正在进行斗争的无产阶级"①。

坚定共产主义理想信念的理论基础。《宣言》是一部科学洞见人类社会发展规律的经典著作，它从唯物史观出发，科学论证了人类社会发展的各个历史阶段及其发展总趋势，深刻阐明了"两个必然"，即"资产阶级的灭亡和无产阶级的胜利是同样不可避免的"科学结论，为准确把握人类社会发展的方向，坚定共产主义的理想信念，提供了坚实的理论基础。当代资本主义尽管出现了许多新特点、新变化，但其固有矛盾并没有发生根本性的改变，这些矛盾和危机不可能在资本主义的框架内得到彻底解

---

① 《列宁专题文集　论马克思主义》，人民出版社2009年版，第57页。

决,只能超越这种不合理的社会制度;社会主义在其发展过程中尽管遇到各种挫折,道路比较坎坷,但它代表了历史发展的趋势,因而有其顽强的生命力。《宣言》有助于我们在风云变幻的历史条件下,认清历史发展的总趋势,坚定共产主义远大理想和中国特色社会主义共同理想,坚定道路自信、理论自信、制度自信、文化自信。

明确共产党人矢志初心的思想纲领。《宣言》是一部秉持人民立场、为人民大众谋利益、为全人类谋解放的经典著作。《宣言》明确提出,共产党人"没有任何同整个无产阶级的利益不同的利益"。换言之,共产党人没有自己的特殊利益,不像以前的剥削阶级那样,摧毁了一种狭隘的统治利益,又形成一种新的统治利益,而是要从根本上铲除这种不合理的利益关系,真正实现全人类的利益。为此,共产党人追求的是无产阶级和全人类的解放,追求的是人的自由全面发展。为人民谋幸福,为人类谋福祉,这就是共产党人的初心。今天重温《宣言》,就是要坚定"以人民为中心"的立场,不忘初心、牢记使命,始终把人民放在心中最高位置,切实维护好、实现好、发展好人民的利益,推动人的全面发展、社会全面进步。正如习近平所说,"人民对美好生活的向往,就是我们的奋斗目标"[1]。

---

[1] 《习近平谈治国理政》第 1 卷,外文出版社 2018 年版,第 4 页。

推进社会主义事业的指导原则。《宣言》阐述了一系列需要长期坚持的科学社会主义基本原则，如消灭剥削制度、实现无产阶级和人类解放、实现人的自由全面发展、坚持共产党的领导以及无产阶级革命胜利后要大力发展生产力等，为准确认识和把握社会主义本质特征，推进社会主义事业指明了方向。我们党开辟的新民主主义革命道路、社会主义革命道路、社会主义建设道路、中国特色社会主义道路，都是马克思主义基本原理同中国具体实际相结合的伟大创造，既坚持了科学社会主义的基本原则，又富有鲜明的中国特色。学习《宣言》，要求我们坚持社会主义的前进方向，做到思想上坚信不疑、行动上坚定不移，始终不渝地走中国特色社会主义道路。

对待马克思主义的基本方法论。《宣言》1872 年德文版序言指出，"这个《序言》中所阐述的一般原理整个说来直到现在还是完全正确的"①，但是，"这些原理的实际运用，正如《宣言》所说的，随时随地都要以当时的历史条件为转移"②。这一方法论原则表明，不能以教条主义的态度对待马克思主义，应当把马克思主义与具体实际相结合加以理解和运用。中国特色社会主义进入了新时代，未来的发展还会遇到许多新挑战、新问题，这就要求我们应继续以《宣言》中提出的基本方法论原则为指导，进行新的探

---

① 《马克思恩格斯文集》第 2 卷，人民出版社 2009 年版，第 5 页。
② 《马克思恩格斯文集》第 2 卷，人民出版社 2009 年版，第 5 页。

索、研究，作出新概括、获得新认识、形成新成果，不断开辟 21 世纪马克思主义新境界，续写马克思主义中国化新篇章。

四、延伸阅读

1. 恩格斯:《共产主义原理》,《马克思恩格斯文集》第 1卷，人民出版社 2009 年版。

2. 马克思、恩格斯:《共产主义者同盟中央委员会告同盟书》,《马克思恩格斯文集》第 2 卷，人民出版社 2009 年版。

3. 马克思:《哥达纲领批判》,《马克思恩格斯文集》第 3卷，人民出版社 2009 年版。

4. 恩格斯:《关于共产主义者同盟的历史》,《马克思恩格斯文集》第 4 卷，人民出版社 2009 年版。

五、思考题

1. 根据资本主义和社会主义发展的现实，谈谈如何看待"两个必然"。

2. 怎样理解"每个人的自由发展是一切人的自由发展的条件"?

3. 如何理解实现共产主义理想与实现中华民族伟大复兴中国梦的关系?

4. 结合《宣言》中关于马克思主义一般原理及其运用的论述，谈谈如何正确对待马克思主义。

马克思:《〈政治经济学批判〉导言》[①]

一、写作背景

关注资本主义经济危机。随着资本主义生产的发展,经济危机也周期性地爆发。早在 1856 年,马克思就预言新的资本主义经济危机即将来临。危机促使马克思加紧经济学研究。马克思一方面希望在危机到来之前总结自己的研究工作,至少把一些基本问题搞清楚;另一方面,记录危机进展情况并探讨与经济危机有关的理论问题。为此,他做了三大本笔记,分别记录了英国、德国、法国的危机情况。从 1857 年 8 月开始到 1858 年夏,他写下了长达 50 印张的七本手稿,即《政治经济学批判(1857—1858年手稿)》。《〈政治经济学批判〉导言》(以下简称《导言》)就是为这部手稿所写的一篇总导言。

总结和整理政治经济学的研究成果。早在 19 世纪 40 年代初,马克思就开始着手研究政治经济学,曾计划写一部《政治和政治经济学批判》的著作。1848 年欧洲革命的爆发,使马克思暂时中断了该书的写作。革命失败后,1849 年 8 月马克思被迫侨居伦敦,又重新开始经济学研究。他广泛收集和阅读了大量

[①]　选自《马克思恩格斯文集》第 8 卷,人民出版社 2009 年版。

的文献资料，全面探讨了政治经济学中的一系列重大问题，批判地研究了前人的理论，取得了重要的成就。1857 年，马克思着手对收集的材料进行系统的整理和概括，《导言》便是这一工作的重要成果。

《导言》在马克思生前没有发表。后来，马克思在《〈政治经济学批判〉序言》中曾经这样作过说明："我把已经起草的一篇总的导言压下了，因为仔细想来，我觉得预先说出正要证明的结论总是有妨害的，读者如果真想跟着我走，就要下定决心，从个别上升到一般。"① 直到 1902 年，《导言》才在马克思的遗稿中被发现。1903 年 3 月由考茨基第一次发表在《新时代》杂志上。

二、主要内容

1. 生产的一般与特殊

政治经济学的研究对象，"首先是物质生产"。物质生产作为一个整体，是由生产、消费、分配、流通四个环节构成的。在经济思想史上，有些资产阶级经济学家虽然也把生产作为研究对象，但他们不是把社会生产而是把单个的孤立的个人生产作为研究的出发点。事实上，任何生产都是个人在一定社会形式中并借

---

① 《马克思恩格斯文集》第 2 卷，人民出版社 2009 年版，第 588 页。

助这种社会形式而进行的。一切生产始终是社会性的生产，因而进行生产的个人只能是社会性的个人。"人是最名副其实的政治动物。"① 并不是人的本性决定生产的社会性，而是生产的社会性决定人不可能孤立存在。卢梭通过契约来建立天生独立的主体之间的相互关系和社会联系，实际上人们的相互关系并不是通过个人的契约，而是在生产过程中形成的；斯密和李嘉图把单个的猎人和渔夫当做考察的出发点，这种观点实际上属于 18 世纪鲁滨孙故事的毫无想象力的虚构；19 世纪美国的凯里、法国的巴师夏和蒲鲁东，又把 18 世纪荒诞无稽的观点引进经济学中来，这是对具有历史来源的经济关系所作的非历史、非社会的说明。

生产有其一般与特殊。任何生产都是一定社会发展阶段上的生产，但生产的一切时代总有某些共同标志、共同规定。通过比较，可以抽象出生产的一般特点。"生产一般是一个抽象，但是只要它真正把共同点提出来，定下来，免得我们重复，它就是一个合理的抽象。"② 然而，抽象出"生产一般"，不能忘记"生产特殊"，即忘记各个时代生产之间的"本质的差别"，必须研究"生产的一般规定在一定社会阶段上对特殊生产形式的关

---

① 《马克思恩格斯文集》第 8 卷，人民出版社 2009 年版，第 6 页。
② 《马克思恩格斯文集》第 8 卷，人民出版社 2009 年版，第 9 页。

系"①。例如生产工具，这是生产的一般条件，任何生产都不能离开生产工具来进行。但生产工具作为资本，却不是普遍的、永恒的自然关系，只有在一定生产形式中，生产工具才能成为资本。因此，生产的一般条件和一般要素确实是存在的，但用这些条件和要素"不可能理解任何一个现实的历史的生产阶段"②。资产阶级经济学家之所以要空谈"生产一般"，目的是证明资本主义生产关系的永存与和谐。由于构成不同历史阶段生产本质差别的是生产关系，因而研究现代资产阶级生产，"事实上是我们研究的本题"③。

2. 生产与消费、分配、交换的关系

社会生产是一个由生产、消费、分配和交换组成的有机统一体。资产阶级经济学家"正规的三段论法"是"生产是一般，分配和交换是特殊，消费是个别，全体由此结合在一起"④。马克思认为，这种将四个环节割裂开来和并列起来的方法是肤浅的，并由此具体分析了它们之间的相互关系。

关于生产和消费。二者的关系有这样几种情形：其一，生产和消费是直接同一的。生产直接是消费：既表现为生产资料的消

---

① 《马克思恩格斯文集》第 8 卷，人民出版社 2009 年版，第 9—10 页。
② 《马克思恩格斯文集》第 8 卷，人民出版社 2009 年版，第 12 页。
③ 《马克思恩格斯文集》第 8 卷，人民出版社 2009 年版，第 9 页。
④ 《马克思恩格斯文集》第 8 卷，人民出版社 2009 年版，第 13 页。

费，又表现为劳动力的消费；消费也直接是生产：一方面通过生活资料的消费生产出劳动力，另一方面在消费生产资料的同时生产出新产品。其二，生产和消费相互依存，互为手段。生产为消费创造作为外在对象的材料，消费为生产创造出作为内在对象的目的的需要。其三，生产和消费相互生产，互相创造对方。消费完成生产行为，在消费中产品才成为产品，生产者才成为生产者；生产则创造出一定的消费方式、消费动力、消费能力。"两者的每一方由于自己的实现才创造对方；每一方是把自己当做对方创造出来。"①

关于生产和分配。马克思批判"三位一体"的分配理论，阐明分配是生产的产物；批判分配先于和独立于生产的理论，阐述生产决定分配的原理。分配包括两种形式的分配，即产品的分配和生产要素（生产条件）的分配。产品的分配只是生产要素分配的结果。生产要素的分配直接包含在生产过程本身之中并且决定生产的结构，产品的分配就是这种分配的产物。生产要素的分配固然对新的生产时期表现为前提，但其本身则是前一历史时期生产的结果，并且随着生产的发展不断发生变化。总之，分配并不是完全独立于生产之外的领域，分配关系和分配方式是由生产的结构决定的。

---

① 《马克思恩格斯文集》第 8 卷，人民出版社 2009 年版，第 17 页。

关于生产和交换。交换作为生产的要素包含在生产之中:第一,在生产过程中发生的各种活动和各种能力的交换,直接属于生产。第二,用来制造消费品的产品交换,是包含在生产之中的行为。第三,"实业家之间的交换"(包括实业家之间的交换和实业家与消费者之间的交换),从其组织和内容看,也是生产活动。交换又是由生产决定的:如果没有分工,也就没有交换;私人交换以私人生产为前提;交换的深度、广度和方式都是由生产的发展和结构决定的。因此,"交换就其一切要素来说,或者是直接包含在生产之中,或者是由生产决定"①。

总体说来,一定的生产决定一定的消费、分配、交换,并决定着这些不同要素相互间的关系。但是,生产就其单方面形式来说也决定于其他要素。如市场扩大即交换范围扩大时,生产的规模也就扩大,生产也就分得更细;随着分配的变动,生产也就发生变动;消费的需要引导着生产。

3. 从抽象上升到具体的方法

政治经济学的研究涉及两条道路。第一条道路是从具体到抽象,即从"完整的表象蒸发为抽象的规定"②。这是政治经济学在其产生时期在历史上走过的道路。17 世纪的经济学家威廉·配第等就是从生动的整体,从人口、民族、国家等开始,最后从

---

① 《马克思恩格斯文集》第 8 卷,人民出版社 2009 年版,第 23 页。
② 《马克思恩格斯文集》第 8 卷,人民出版社 2009 年版,第 25 页。

分析中找出一些有决定意义的抽象的一般的关系，如分工、货币、价值等。第二条道路是从抽象上升到具体，即"抽象的规定在思维行程中导致具体的再现"①。各种经济要素一旦被确定下来和抽象出来，经济学体系就要沿此道路来展开，即从抽象的范畴如劳动、分工、需要、交换价值等上升到国家、国际交换和世界市场等具体的范畴。前一条道路实际上体现的是政治经济学的研究方法，后一条道路则体现的是政治经济学的叙述方法，即建立政治经济学体系的方法。马克思认为后一种方法是"科学上正确的方法"。因为科学认识的目的在于把握具体的对象，因而必须把对象当做具体的整体来认识。要把直观和表象中的混沌具体变为思维中的具体，首先要经过分析的道路，把感性的具体变为各种抽象的规定，然后再经过综合，将这一具体在思维中再现出来。此时的具体，已不是混沌的具体，而是经过思维加工和改造过的具体，是许多规定的综合，是多样性的统一。马克思之所以突出从抽象上升到具体的方法，原因在于他看到资产阶级经济学家局限于形而上学的思维方法，不能把辩证法运用于认识论。他们执着于"从实在和具体开始"，经过分析得出抽象一般的结论。但是，这至多是走了认识行程的一半，若到此为止，其结果是极不可靠的。真正的科学认识必须从这里倒过来，从简单

① 《马克思恩格斯文集》第8卷，人民出版社2009年版，第25页。

的抽象规定一步步上升到丰富的具体。这时所获得的具体,"已不是关于整体的一个混沌的表象,而是一个具有许多规定和关系的丰富的总体了"①。正因为从抽象上升到具体能够反映事物的全面性、总体性,所以马克思将这一方法视为"科学上正确的方法"。

在从抽象到具体方法的理解和运用上,马克思与黑格尔有着原则的区别:"从抽象上升到具体的方法,只是思维用来掌握具体、把它当做一个精神上的具体再现出来的方式。但决不是具体本身的产生过程。"②

经济范畴从抽象上升到具体的过程,同现实的历史进程在本质上是一致的。各种经济范畴之间的逻辑顺序看起来像是先验的,其实却是资本主义生产方式发生、发展及其客观逻辑的反映。马克思所运用的从抽象上升到具体的方法,自觉而忠实地符合资本主义本身的客观逻辑,其经济学体系是建立在研究基础之上的。正如马克思自己所说:"只有这项工作完成以后,现实的运动才能适当地叙述出来。这点一旦做到,材料的生命一旦在观念上反映出来,呈现在我们面前的就好像是一个先验的结构了。"③

---

① 《马克思恩格斯文集》第 8 卷,人民出版社 2009 年版,第 24 页。
② 《马克思恩格斯文集》第 8 卷,人民出版社 2009 年版,第 25 页。
③ 《马克思恩格斯文集》第 5 卷,人民出版社 2009 年版,第 21—22 页。

4. "人体解剖" 方法和 "普照的光" 方法

《导言》在重点论述从抽象上升到具体方法的同时，还深刻地论述了相关的其他方法。最有特色的是 "人体解剖" 方法和 "普照的光" 方法。

"人体解剖" 方法。马克思认为，经济范畴的抽象并不是在任何时候都可以进行的，而是要以社会经济关系的一定发展为前提。在经济学体系中，比较简单的范畴虽然可以出现在比较具体的范畴之前，但在历史上，这些最简单的范畴只有在最发达的社会形态下才能得到充分的表现，才有可能被人们所认识。"人体解剖对于猴体解剖是一把钥匙。反过来说，低等动物身上表露的高等动物的征兆，只有在高等动物本身已被认识之后才能理解。因此，资产阶级经济为古代经济等等提供了钥匙。"① 马克思以 "劳动" 这一简单范畴为例来说明这个问题。"劳动" 范畴所反映的客观现实同人类历史一样古老，但政治经济学从最抽象、最简单的规定性上来把握它却是只有到了资本主义社会才有可能。"劳动" 范畴有其形成史：从重商主义、重农主义到古典经济学先后几百年，直到社会分工和社会生产的发展使每一个人可以很容易从一种劳动转到另一种劳动，这对劳动者来说从事哪种劳动已变成纯属偶然因而是无差别的时候，当劳动成了创造财富的一

---

① 《马克思恩格斯文集》第 8 卷，人民出版社 2009 年版，第 29 页。

般手段，而对劳动特殊没有特别要求的时候，"劳动一般"才能产生。

"人体解剖"方法不仅适用于研究经济范畴，而且对于研究社会历史都是适用的。它是考察经济现象和社会历史的重要方法论。"人体解剖"方法的运用需要注意的原则：一是典型分析。即选择的解剖对象应具有典型性，其发展到了比较"成熟"的程度。例如，"资产阶级社会是最发达的和最多样性的历史的生产组织。因此，那些表现它的各种关系的范畴以及对于它的结构的理解，同时也能使我们透视一切已经覆灭的社会形式的结构和生产关系"①。二是自我批判。要达到对历史的"客观的理解"，必须对现代社会有一种"自我批判"。没有对现代社会的正确反思和自我批判，最后的结果也不可能达到对以前历史的正确理解，因为前提是错误的，由此推出的结论也必然是错误的。因此，"资产阶级经济学只有在资产阶级社会的自我批判已经开始时，才能理解封建的、古代的和东方的经济"②。三是合理把握。如果说资产阶级经济的范畴适用于一切其他社会形式这种说法是对的，那么，这也只能在一定意义上来理解。不能用人体解剖完全代替猴体解剖。"决不是像那些抹杀一切历史差别、把一切社会形式都看成资产阶级社会形式的经济学家所理解的那样。人们

① 《马克思恩格斯文集》第 8 卷，人民出版社 2009 年版，第 29 页。
② 《马克思恩格斯文集》第 8 卷，人民出版社 2009 年版，第 30 页。

认识了地租，就能理解代役租、什一税等等。"①

"普照的光"方法。任何社会都是由各种要素组成的有机体。在这种有机体中，既有本社会自身特有的东西存在，也有以往社会的残片、因素和新生的因素存在，但其中占主导地位的还是居支配地位的生产关系。它使社会各种关系和要素都从属于自己，并决定着各种社会关系和要素在社会整体结构中的地位及其相互关系。这种占支配地位的生产关系就是该社会的"普照的光"。"在一切社会形式中都有一种一定的生产决定其他一切生产的地位和影响，因而它的关系也决定其他一切关系的地位和影响。这是一种普照的光，它掩盖了一切其他色彩，改变着它们的特点。这是一种特殊的以太，它决定着它里面显露出来的一切存在的比重。"②

"普照的光"方法对于政治经济学研究非常重要。研究经济范畴及其发展，不能按经济范畴在历史上产生的先后次序来排列，而是要按其在资本主义社会中的相互关系来安排，按其在资本主义社会内在结构的地位和作用来排列。在资本主义社会中，资本是支配一切的经济权力，其他经济现象都受资本支配。各种经济范畴的安排，必须放到资本主义生产关系中进行。

---

① 《马克思恩格斯文集》第 8 卷，人民出版社 2009 年版，第 29—30 页。
② 《马克思恩格斯文集》第 8 卷，人民出版社 2009 年版，第 31 页。

"普照的光"方法对于研究社会历史也具有普遍意义。它不仅能使我们准确认识特定社会的性质，而且能使我们深刻理解该社会中存在的"发展了的"或"萎缩了的"各种社会关系和要素，从而达到对社会生活和社会结构的全面理解。

三、历史地位与当代价值

《导言》虽然带有未完成的草稿性质，但有非常重要的意义。马克思在这里非常详细地阐述了政治经济学的对象和方法，深刻揭示了社会生产过程的内在联系和客观规律，对马克思主义政治经济学的形成和发展有直接的影响，对我们今天的理论和实践也具有重要价值。《导言》既是马克思政治经济学研究的重要成果，又是一篇重要的哲学著作。

研究政治经济学的基本原则。在谈到政治经济学的研究对象时，《导言》一开始就明确指出"首先是物质生产"。但是，任何生产都是一定社会发展阶段上的生产，抽象出"生产一般"，不能忘记"生产特殊"。作为"生产特殊"，总是由两个方面构成的：一方面是生产的物质内容，表现为生产力；另一方面是生产的社会形式，表现为生产关系。特殊的生产主要是由特殊的生产关系决定的。因此，政治经济学研究生产，不能离开生产关系来孤立研究生产力，不能把政治经济学变成工艺学。《导言》关于政治经济学研究对象的界说，对于我们今天的政治经济学研究是非常重要的。发展当代中国马克思主义政治经济学，发展中国特色社会主义政治经济学，必须坚持这样的基本原则。要自觉划清马克思主义政治经济学与西方经济学的界限，也必须坚持这样的原则。

推进社会经济发展的理论指南。《导言》充分运用唯物史观来分析经济现象，深刻阐明了社会经济发展过程的内在联系及其规律。马克思认为，社会的再生产过程是由生产、分配、消费、交换构成的，在这些环节中，生产具有决定性的作用。没有生产的发展作基础，分配、消费、交换都是无源之水、无本之木。这对我们今天的经济建设具有重要指导意义。发展是解决我国一切问题的基础和关键。建设现代化经济体系，加快现代化进程，必须把发展经济的着力点放在实体经济上，不断解放和发展社会生产力，不断增强我国经济创新力和竞争力。在充分肯定生产决定作用的同时，马克思对分配、消费的作用也给予高度重视，认为"生产就其单方面形式来说也决定于其他要素"①。这就要求在重视生产、加快经济发展的同时，也要充分关注分配、消费的作用。在我国，就是要在分配上进一步深化收入分配制度改革，坚持按劳分配原则，完善按要素分配的体制机制，促进收入分配更合理、更有序，让改革发展的成果更多更公平惠及全体人民；在

①《马克思恩格斯文集》第 8 卷，人民出版社 2009 年版，第 23 页。

消费上适应我国社会主要矛盾转化的实际,合理引导消费,大力提升发展的质量和效益,更好满足人民日益增长的美好生活需要,推动经济平衡健康发展。

考察社会历史的重要方法。马克思的经济学之所以能够超越资产阶级经济学,很大程度上得益于研究方法上的重大变革。《导言》提出的有关方法不仅对于研究经济学,而且对于考察和研究社会历史,都具有重要的意义。如"普照的光"方法,对于判断今天我国的经济社会性质是非常重要的。尽管我国有多种所有制经济存在,但公有制占主导地位,这就决定了当代中国经济的社会主义性质。又如"人体解剖"方法,要求研究社会历史必须注意社会成熟形态的解剖,同时注意现代社会的"自我批判",以达到对历史的"客观的理解"。又如物质生产发展与艺术发展不平衡关系的观点和方法,要求注意文化发展的特殊性,在加强经济建设的同时,切实按照文化发展的规律,推动社会主义文化繁荣兴盛。此外,《导言》所提出的抽象与具体、逻辑与历史、分析与综合等方法,对于考察社会历史都有其独特的价值。

四、延伸阅读

1. 马克思:《〈政治经济学批判(1857—1858 年手稿)〉摘选》,《马克思恩格斯文集》第 8 卷,人民出版社 2009 年版。

2. 马克思：《〈政治经济学批判〉序言》，《马克思恩格斯文集》第 2 卷，人民出版社 2009 年版。

3. 马克思：《雇佣劳动与资本》，《马克思恩格斯文集》第 1 卷，人民出版社 2009 年版。

五、思考题

1. 马克思如何看待"抽象的个人"？

2. 在对"从抽象上升到具体"方法的理解和运用上，马克思与黑格尔有何联系与区别？

3. 结合当代中国经济发展的现实，谈谈如何理解生产与消费的关系？

马克思:《资本论》（第一卷）（节选）①

【第一版序言

第二版跋

第一、四、五、二十四章】

一、写作背景

解剖资本主义社会，寻求无产阶级的解放。马克思的经济学研究是和他的理论研究主题密切联系在一起的。马克思一生的理论研究主题是实现无产阶级和全人类的解放，因而寻求这种解放的条件和道路，成为马克思终生理论探索的根本目的和基本任务。基于这种目的和任务，马克思的理论研究集中指向于对资本主义社会本质及其内在矛盾的揭露和批判。马克思在进行宗教批判和哲学批判之后，进行了政治批判。在政治批判的过程中，他看到了市民社会对国家以至整个社会生活的决定作用。然而，要深刻地剖析市民社会，必须到政治经济学中去寻求，因此，马克思开始了长达 40 年的政治经济学研究。19 世纪 40 年代初，马克思开始着手研究政治经济学，先后撰写了《1844 年经济学哲学

① 选自《马克思恩格斯文集》第 5 卷，人民出版社 2009 年版。

手稿》《哲学的贫困》《雇佣劳动与资本》等重要著作。1848年，欧洲革命的爆发使马克思中断了这一研究。革命失败后，马克思移居伦敦，在深入总结革命经验的同时，他对英国的现实经济状况和资产阶级政治经济学进行了全面而深入的研究，撰写了《1857—1858年经济学手稿》。之后，马克思接着写出了篇幅巨大的《政治经济学批判（1861—1863年手稿）》和《资本论（1863—1865年手稿）》。1865年年底，各卷初稿完成。1867年，《资本论》第一卷（德文第1版）正式出版。马克思逝世后，恩格斯花费大量精力整理《资本论》第二、三卷，分别于1885年和1894年出版。

批判资产阶级经济学，阐明无产阶级经济学的立场和观点。资产阶级经济学产生和发展于资本主义工场手工业大发展时期和工业革命初期。资产阶级经济学反映了这一历史时期资产阶级的愿望和要求。它在当时的历史条件下，对资本主义制度作出了比较客观的分析，取得了一些具有重要价值的成果。但是，资产阶级经济学由其阶级立场和思想方法决定，它的研究有很大的局限：首先是研究方法上的形而上学。将商品、货币、资本、利润等经济范畴都看成是人类社会的永恒范畴，只注重经济形式"量"的分析，而不注重"质"的研究。其次是历史观上的非历史主义。资产阶级经济学认为人类社会只有两种制度：一种是人为的，一种是天然的；封建制度是人为的，资产阶级制度是天然的。因此，要使无产阶级真正认识资本主义的本质并明确社会改造的方向，必须批判资产阶级经济学，廓清理论认识上的迷雾。马克思的经济学对资产阶级经济学进行了系统的批判，《资本论》正是从大量事实材料出发，通过对资本主义的起源和发展进行考察，再现了资本主义发生、发展的过程，深刻阐明了资本主义经济的内在联系及其发展规律，从而证明资本主义制度不是永恒不变的，而是有生有灭的，资本主义经济社会形态的发展也是一个自然历史过程；资本主义生产方式也不是不可改变的生产方式，而是在历史上发展起来的并随着历史的发展而扬弃的生产方式。《资本论》不仅对资产阶级经济学进行了深刻的批判，而且通过批判，具体阐明了无产阶级经济学的立场、观点，形成了马克思主义的政治经济学。这种政治经济学的创立，为工人阶级实现自身解放提供了强大的思想武器。

二、主要内容

1.《资本论》的研究对象、目的、立场与方法（《资本论》第一卷第一版序言、第二版跋）

《资本论》研究的对象，"是资本主义生产方式以及和它相适应的生产关系和交换关系"[①]。这里所说的生产方式，是指生

---

① 《马克思恩格斯文集》第 5 卷，人民出版社 2009 年版，第 8 页。

产资料和劳动者以资本和雇佣劳动的形式相结合的生产方式，它是决定资本主义社会关系和社会结构的基础。与生产方式相适应的生产关系和交换关系，是指建立在资本与雇佣劳动关系基础上的直接生产过程中的人和人的社会关系与交换过程中的人和人的社会关系。为了研究资本主义生产方式以及和它相适应的生产关系和交换关系，《资本论》以英国作为主要的考察对象，因为当时的英国是资本主义发展较为成熟的国家。"工业较发达的国家向工业较不发达的国家所显示的，只是后者未来的景象。"①

《资本论》研究的目的在于揭示资本主义生产关系产生、发展和灭亡的规律。由于资本主义生产关系主要是围绕着资本运动展开的，因而研究资本主义生产关系产生、发展和灭亡的规律，实质上就是要揭示资本运动的规律，或者说剩余价值的生产、实现和分配的规律。因此，研究资本的"最终目的就是揭示现代社会的经济运动规律"②。列宁谈到马克思的经济学说时指出，"研究这个历史上一定的社会的生产关系的发生、发展和衰落，就是马克思的经济学说的内容"③。

政治经济学作为一门社会科学，代表着一定的阶级利益，具

---

① 《马克思恩格斯文集》第 5 卷，人民出版社 2009 年版，第 8 页。
② 《马克思恩格斯文集》第 5 卷，人民出版社 2009 年版，第 10 页。
③ 《列宁专题文集 论马克思主义》，人民出版社 2009 年版，第 17 页。

有明显的意识形态性。在资本主义社会,"政治经济学所研究的材料的特殊性质,把人们心中最激烈、最卑鄙、最恶劣的感情,把代表私人利益的复仇女神召唤到战场上来反对自由的科学研究"①,"这里涉及的人,只是经济范畴的人格化,是一定的阶级关系和利益的承担者"②。"只要政治经济学是资产阶级的政治经济学,就是说,只要它把资本主义制度不是看做历史上过渡的发展阶段,而是看做社会生产的绝对的最后的形式,那就只有在阶级斗争处于潜伏状态或只是在个别的现象上表现出来的时候,它还能够是科学。"③ 由于德国资本主义发展滞后,所以"德国的政治经济学教授一直是学生"④,到德国的资本主义生产方式成熟起来的时候,德国无产阶级比德国资产阶级已经有了更为明确的阶级意识,这就是要建立自己的政治经济学。因此,建立真正科学的政治经济学,只有无产阶级来完成。

《资本论》研究的根本方法是唯物辩证法。《资本论》是"把辩证方法应用于政治经济学的第一次尝试"⑤。在马克思看来,"分析经济形式,既不能用显微镜,也不能用化学试剂。二

---

① 《马克思恩格斯文集》第 5 卷,人民出版社 2009 年版,第 10 页。
② 《马克思恩格斯文集》第 5 卷,人民出版社 2009 年版,第 10 页。
③ 《马克思恩格斯文集》第 5 卷,人民出版社 2009 年版,第 16 页。
④ 《马克思恩格斯文集》第 5 卷,人民出版社 2009 年版,第 15 页。
⑤ 《列宁全集》第 58 卷,人民出版社 1990 年版,第 451 页。

者都必须用抽象力来代替"①。而且，在形式上，叙述方法必须和研究方法不同。研究必须充分地占有材料，分析它的各种发展形式，探寻这些形式的内在联系。只有在这项工作完成之后，现实的运动才能适当地叙述出来。马克思正是以资本运动为中心，以唯物辩证法为根本方法，建立起《资本论》完整的、严密的理论体系。

2. 商品学说和商品拜物教（《资本论》第一卷第一章）

马克思是以最简单、最普通的商品为起点来解剖资本主义社会的。《资本论》第一卷以商品分析开篇，以《商品的拜物教性质及其秘密》作为第一章的结束。因为"资本主义生产方式占统治地位的社会的财富，表现为'庞大的商品堆积'，单个的商品表现为这种财富的元素形式。因此，我们的研究就从分析商品开始"②。古典政治经济学的根本缺陷之一，就是它始终不能从商品的分析，特别是商品价值的分析中，发现那种正是使价值成为交换价值的价值形式，因而不能把资产阶级生产方式看成一种特殊的社会生产类型，即看到这种生产方式的历史性。

马克思是在生产与交换的统一中来分析商品的。商品是用来交换的劳动产品。商品具有两个因素，即使用价值和价值。商品

① 《马克思恩格斯文集》第 5 卷，人民出版社 2009 年版，第 8 页。
② 《马克思恩格斯文集》第 5 卷，人民出版社 2009 年版，第 47 页。

的使用价值是商品的自然属性,价值是商品的社会属性,它是反映商品经济关系的历史范畴。商品的使用价值和价值是对立统一的。商品的二因素是由体现在商品中的劳动的二重性决定的。具体劳动创造商品的使用价值,抽象劳动创造商品的价值。劳动二重性学说是马克思创立的,它是理解政治经济学的枢纽。

在以私有制为基础的商品生产条件下,商品的二重性和决定商品劳动的二重性,归根到底是由私人劳动的特殊社会性质所决定的。"从那时起,生产者的私人劳动真正取得了二重的社会性质。"① 形成商品价值量的是一定数量的抽象劳动,而抽象劳动的数量又是以劳动时间计量的,商品的价值量由生产该种商品的社会必要劳动时间来决定。

在商品价值的表现形式中,商品的内在矛盾表现为商品的外部矛盾。商品生产者之间交换劳动的社会关系,通过物与物的关系表现出来。价值形式相应地经历了一个具体发展过程,直至发展到货币形式。"正是商品世界的这个完成的形式——货币形式,用物的形式掩盖了私人劳动的社会性质以及私人劳动者的社会关系,而不是把它们揭示出来。"②

商品看似很平常,但又很神秘。商品关系本来是人与人之间的社会关系,但却披上了一层"物"的外衣,在人们面前表现

① 《马克思恩格斯文集》第5卷,人民出版社2009年版,第90页。
② 《马克思恩格斯文集》第5卷,人民出版社2009年版,第93页。

为一种神秘的虚幻的形式，由此形成商品拜物教。商品拜物教的根源，在于生产商品的劳动特有的社会性质。商品的神秘性来源于劳动产品所采取的商品形式。"在商品生产者的社会里，一般的社会生产关系是这样的：生产者把他们的产品当做商品，从而当做价值来对待，而且通过这种物的形式，把他们的私人劳动当做等同的人类劳动来互相发生关系。"① 其实，如果不为这种物的形式所困扰，如果劳动者之间的社会关系采取了直接的社会形式，那么这种虚幻的拜物教也就会随之消失。诚如马克思所说："只有当社会生活过程即物质生产过程的形态，作为自由联合的人的产物，处于人的有意识有计划的控制之下的时候，它才会把自己的神秘的纱幕揭掉。但是，这需要有一定的社会物质基础或一系列物质生存条件，而这些条件本身又是长期的、痛苦的发展史的自然产物。"②

3. 资本的本质及劳动力商品理论（《资本论》第一卷第四章）

资本是能够带来价值增殖的货币，其本质不是物，而是体现在物上的生产关系。马克思对资本的分析是从商品流通开始的。商品流通是资本的起点。作为货币的货币和作为资本的货币的区别，首先在于它们具有不同的流通形式。商品流通的形式是

---

① 《马克思恩格斯文集》第 5 卷，人民出版社 2009 年版，第 97 页。
② 《马克思恩格斯文集》第 5 卷，人民出版社 2009 年版，第 97 页。

"W—G—W"。在"W—G—W"循环中，始极是一种商品，终极是另一种商品，后者退出流通，转入消费。因此，这一循环的最终目的是消费。相反，"G—W—G"循环是从货币一极出发，最后又返回同一极。因此，这一循环的动机和目的是交换价值本身。作为资本的货币的流通本身就是目的，只有在这个不断更新的运动中才有价值的增殖。因此，资本的运动是没有限度的。资本自行增殖，是资本流通形式的客观内容，也是资本家的主观目的。只有在越来越多地占有抽象财富成为他的活动的唯一动机时，他才作为资本家或作为人格化的、有意志和意识的资本执行职能。"G—W—G′"是直接在流通领域内表现出来的资本的总公式。这一总公式就是产业资本、商业资本、生息资本在流通领域中表现出来的一般运动形式。

货币转化为资本的流通形式，是与前面阐明的所有关于商品、价值、货币和流通本身的性质与规律相矛盾的。就使用价值来看，可以说，"交换是一种双方都得到好处的交易"①。就交换价值来看，情况就不同了。剩余价值不能从流通中产生，又不能离开流通而产生。转化为资本的货币的价值变化，不可能发生在这个货币本身上，因为货币作为购买手段和支付手段，只是实现它所购买或所支付的商品的价格。同样，在流通商品的再度出卖

---

① 《马克思恩格斯文集》第 5 卷，人民出版社 2009 年版，第 183 页。

上，也不可能发生这种变化，因为这一行为只是使商品从自然形式再转化为货币形式。因此，这种变化必定发生在 G—W 中所购买的商品上，而不是发生在这种商品的价值上，因为互相交换的是等价物，商品是按它的价值支付的。因此，这种变化只能从这种商品的使用上产生。要从商品的使用上取得价值，货币所有者就必须在流通领域内发现这样一种特殊商品，它的使用价值本身具有成为价值源泉的特殊属性，它的实际使用本身就是劳动的物化，从而是价值的创造。这种特殊商品就是劳动力。劳动力成为商品是货币转化为资本的前提。

劳动力是人体中存在的、每当人生产某种使用价值时就运用的体力和智力的总和。劳动力所有者要把劳动力当做商品出卖，首先，他必须是自己的劳动能力的自由的所有者。劳动力所有者和货币所有者在市场上相遇，彼此作为身份平等的商品所有者发生关系，双方在法律上是平等的。其次，劳动力所有者没有可能出卖有自己的劳动物化在内的商品，而不得不把只存在于他的活的身体中的劳动力本身当做商品出卖。同任何其他商品的价值一样，劳动力的价值也是由生产这种特殊物品所必需的劳动时间所决定的。就劳动力价值来说，它本身只代表在它身上物化的一定量的社会平均劳动。和其他商品不同，劳动力的价值规定包含着一个历史的和道德的因素。"在考察劳动能力时，撇开生产过程中维持劳动的生存资料，那就是考察一种臆想的东西。谁谈劳动,谈劳动能力,同时也就是谈工人和生存资料,工人和工资。"①

4. 雇佣劳动与剩余价值(《资本论》第一卷第五章)

资本家不仅要生产使用价值,而且要生产价值;不仅要生产价值,而且要生产剩余价值。剩余价值理论是马克思的两个伟大发现之一。《资本论》正是通过剩余价值理论揭开了资本主义生产的秘密。

剩余价值的揭示是通过对劳动过程的解析开始的。资本主义生产过程是劳动过程和价值增殖过程的统一。"劳动过程首先要撇开每一种特定的社会的形式来加以考察"②,它是制造使用价值的有目的的活动,是为了人类的需要而占有自然物。"根据小麦的味道,我们尝不出它是谁种的,同样,根据劳动过程,我们看不出它是在什么条件下进行的。"③ 工人为资本家劳动这一点并不能消除劳动过程的一般性质,也不能马上引起生产方式本身的变化。单纯的价值形成过程是劳动对象和劳动资料的价值通过工人的具体劳动把它们转移到产品中去,并成为产品价值的一个组成部分。在这个价值形成过程中,如果工人在一天里新创造的价值正好等于劳动力的价值,那么,它就是单纯的价值形成过程。

---

① 《马克思恩格斯文集》第 5 卷,人民出版社 2009 年版,第 201 页。
② 《马克思恩格斯文集》第 5 卷,人民出版社 2009 年版,第 207 页。
③ 《马克思恩格斯文集》第 5 卷,人民出版社 2009 年版,第 215 页。

这个过程的结果是：预付的资本价值没有增殖，没有生产出剩余价值来，货币也没有转化为资本。所以，单纯的价值形成过程不符合资本家生产的目的，资本家必须把它变为价值增殖过程。

工人劳动本身创造的新价值，是通过工人的抽象劳动加到劳动对象上，并成为产品价值的另一个组成部分。劳动力商品"独特的使用价值，即它是价值的源泉，并且是大于它自身的价值的源泉"①。劳动力的价值和劳动力在劳动过程中创造的价值是两个不同的量，资本家购买劳动力时，正是看中了这个差额。既然资本家购买了工人的劳动力，那么，劳动力的使用权也是属于资本家的。因此，资本家不仅要工人在必要劳动时间内，再生产出劳动力价值的等价物，并且要超过这个一定点，在必要劳动时间以上提供剩余劳动时间，在补偿劳动力价值的等价物以上创造更多的价值。于是，工人的劳动不仅补偿了劳动力的价值，而且生产出剩余价值。这样，单纯的价值形成过程便转变为价值增殖过程。其一，资本家预付的货币已经发生了价值增殖，生产出剩余价值，货币最终转化为资本；其二，价值增殖过程是在遵守价值规律的基础上实现的，资本总公式的矛盾得到了解决。货币转化为资本的过程，首先要通过流通过程购买劳动力商品，然后通过劳动力的使用来实现。所以说，剩余价值既在流通中又不在

① 《马克思恩格斯文集》第 5 卷，人民出版社 2009 年版，第 226 页。

流通中产生。

5. 资本积累的历史趋势(《资本论》第一卷第二十四章)

资本主义生产方式是从原始积累开始的。资本主义生产方式的确立必须具备两个基本条件:一是出现了大批有人身自由但没有生产资料的劳动者;二是积累起大量货币财富。所谓原始积累,不外就是生产者与生产资料分离的过程,主要通过剥夺农民土地(如英国的圈地运动)、掠夺殖民地、贩卖奴隶等方式来实现。这样使大量生产资料和货币集中在资本家手里,转化为资本,又形成庞大的雇佣工人队伍,加速了资本主义的形成和发展。资本原始积累"是用血和火的文字载入人类编年史的"[1]。

如果说资本原始积累的趋势是资本主义所有制代替小生产所有制,那么资本积累的趋势则是剥夺者被剥夺,资本主义私有制被共产主义所有制所代替。以生产资料分散占有的小生产发展到一定阶段,必然被社会化生产的资本主义私有制所代替。为了追求资本的不断增殖,获得更多剩余价值,资本家把从工人身上榨取到的剩余价值转化为资本进行扩大再生产,这就是资本积累。在资本积累的过程中,一方面,资本主义生产愈来愈社会化;另一方面,资本愈来愈集中于少数资本家手中,生产完全服从于资本家追逐剩余价值的目的。这就形成了资本主义的基本矛盾。随

---

[1] 《马克思恩格斯文集》第 5 卷,人民出版社 2009 年版,第 822 页。

着资本的集中和集聚，资本主义基本矛盾日益激化，"生产资料
的集中和劳动的社会化，达到了同它们的资本主义外壳不能相容
的地步。这个外壳就要炸毁了。资本主义私有制的丧钟就要响
了。剥夺者就要被剥夺了"①。

三、历史地位与当代价值

《资本论》是马克思主义发展史上的一部划时代的巨著，是
马克思主义的"理论宝库"和"百科全书"。它集中体现了马克
思在哲学、经济学和科学社会主义等方面的卓越成就。在这部著
作中，马克思在唯物史观的基础上创立了剩余价值理论，完成了
对科学社会主义的论证。在《资本论》第一卷出版后，恩格斯
曾经评论说，"自从世界上有资本家和工人以来，没有一本书像
我们面前这本书那样，对于工人具有如此重要的意义"②；它是
全世界"工人阶级的圣经"，有力地证明了共产主义取代资本主
义的历史必然性，显示了强大的真理力量。虽然当今世界的形势
已发生巨大的变化，但《资本论》的基本理论仍然具有重要的
当代价值。

研究社会经济与社会历史的科学方法。《资本论》巨大的理
论价值和崇高的学术地位在于创造性地把唯物辩证法应用于政治

---

① 《马克思恩格斯文集》第 5 卷，人民出版社 2009 年版，第 874 页。
② 《马克思恩格斯文集》第 3 卷，人民出版社 2009 年版，第 79 页。

经济学，把唯物主义历史观运用于分析资产阶级社会。马克思的经济学对资产阶级经济学的超越，很大程度上来源于研究方法上的重大变革。资产阶级经济学只是停留于现象的描述上和所谓的"对策"分析上，马克思则力图通过现象的分析，揭露其本质及其内在矛盾的根源，并依据矛盾的分析，揭示资本主义经济运动的规律以及发展趋势。正如列宁指出的："在《资本论》中，唯物主义的逻辑、辩证法和认识论……都应用于一门科学。"① 这种研究方法是我们研究经济和社会必须高度重视的。此外，马克思在《资本论》中所阐述和运用的"合理的辩证法"、历史分析的方法等，都是相关研究中不可或缺的科学方法。

认识和分析资本主义社会的理论指导。《资本论》解剖的对象虽然是当时的自由资本主义，但它所阐述的一些基本立场、观点，对于我们认识和分析今天的资本主义社会仍具有重要价值。当代资本主义发展确实出现了许多新情况、新特点，但资本主义的基本矛盾没有发生实质性的变化，因而马克思关于资本主义的基本理论分析仍然适用于今天的资本主义，就连那些怀疑或反对马克思主义的人也不得不承认《资本论》的重要价值。国际金融危机的爆发，更加凸显了《资本论》理论分析的预见性和生命力。

---

① 《列宁专题文集 论辩证唯物主义和历史唯物主义》，人民出版社 2009 年版，第 145 页。

中国特色社会主义经济发展的行动指南。《资本论》揭示了社会再生产和市场经济的一般规律，如关于商品、货币、资本等性质和作用的分析，关于市场规律与运作方式的阐释，关于价值生产与价值实现、生产与再生产关系的理解，提高劳动生产率的途径和方法，价值规律是商品生产的基本规律以及资本积累和扩大再生产规律、商品资本和银行资本的运动规律等，对于发展社会主义市场经济有着非常重要的启迪作用。同时，《资本论》在研究资本主义经济发展规律时，对未来社会主义社会的一些基本特征作了一定的探索，提出了大力发展生产力，实行生产资料的社会占有，实行按劳分配，消灭阶级剥削，增加自由时间，实现个人自由全面发展等重要思想，为坚持和发展中国特色社会主义也指明了方向。中国特色社会主义实行公有制为主体、多种所有制经济共同发展的基本经济制度，在全面建设社会主义现代化国家的新征程中，把全体人民的共同富裕、人民享有更加幸福安康的生活作为最为重要的战略目标，就是把马克思主义的基本原理同中国实际和时代特点相结合的产物。

中国特色社会主义政治经济学构建的思想资源。《资本论》的问世标志着马克思主义政治经济学的诞生。中国特色社会主义政治经济学是 21 世纪马克思主义政治经济学，《资本论》的立场、观点、方法为中国特色社会主义政治经济学的构建提供了最为重要的思想资源。《资本论》是为无产阶级和劳动人民服务的经济学，中国特色社会主义政治经济学的学术立场和宗旨就是以人民为中心，为人民谋幸福。通过对中国特色社会主义成功经验的总结和发展问题的研究，创建中国特色社会主义政治经济学理论体系，其概念体系、规律体系、话语体系和理论体系，必须坚持运用《资本论》的立场、观点和方法。

四、延伸阅读

1. 马克思：《剩余价值理论》，《马克思恩格斯全集》第 26 卷，人民出版社 1972 年版。

2. 恩格斯：《国民经济学批判大纲》，《马克思恩格斯文集》第 1 卷，人民出版社 2009 年版。

3. 马克思：《1857—1858 年经济学手稿摘选》，《马克思恩格斯文集》第 8 卷，人民出版社 2009 年版。

五、思考题

1. 马克思在《资本论》中是怎样阐发唯物辩证法的本质的？

2. 如何看待马克思对商品拜物教的理论分析及其现实意义？

3. 联系经济全球化发展的实际，谈谈如何正确认识和理解资本的本质及其作用。

4. 谈谈《资本论》对构建中国特色社会主义政治经济学的指导意义。

恩格斯:《社会主义从空想到科学的发展》^①

一、写作背景

用马克思主义武装无产阶级政党的迫切需要。19 世纪 60—70 年代，欧洲各国资本主义经济迅速发展，工人运动也出现新变化，一些主要国家开始创建工人阶级的独立政党。各国无产阶级政党要充分发挥领导工人运动的作用，需要总结经验、积聚力量、完善组织，在思想上把党建设得更有先进性和战斗力。但是，此时的无产阶级政党却受到多种错误思想的不利影响，受到机会主义、空想社会主义和小资产阶级社会主义思想的困扰。这在法国、德国尤为明显。用马克思主义理论进一步武装无产阶级政党，在当时成为一个迫切的任务。

批判杜林"社会主义"错误思想的需要。在德国，小资产阶级社会主义者杜林以"社会主义"行家和改革家自居，打着"科学"的招牌，宣扬与科学社会主义相对立的社会主义理论。杜林的理论颇有欺骗性，迷惑了很多德国社会主义工人党成员。德国社会主义工人党于 1875 年由德国社会民主工党和全德工人联合会合并成立，是欧洲影响最大的无产阶级政党。以杜林主义

---

① 选自《马克思恩格斯文集》第 3 卷，人民出版社 2009 年版。

还是以马克思主义作为工人阶级政党的理论基础，成为一个非常关键的问题。这不仅关系到德国社会主义工人党的无产阶级性质，也关系到整个国际共产主义运动能否沿着正确的方向前进。为捍卫马克思主义，恩格斯于 1876—1878 年写了《反杜林论》，对杜林的观点进行了彻底的清算和批判，系统论述了马克思主义的哲学、政治经济学和科学社会主义的基本原理。《社会主义从空想到科学的发展》是恩格斯将《反杜林论》"引论"中的"概论"、第三编的"历史"和"理论"两章加以改写而成的独立著作。

阐述和宣传科学社会主义，促进国际共产主义运动健康发展。1879 年法国工人党成立。它建立在工会活动的基础上，指导思想比较混杂，小资产阶级社会主义、无政府主义和宗派主义混居其中，党的纯洁性和先进性受到了极大的影响。为了帮助法国工人党在政治思想上建成一个马克思主义的政党，帮助法国工人党的同志们和法国无产阶级更好地掌握科学社会主义，拉法格邀请恩格斯撰写一本独立的、通俗的科学社会主义读物。1880年，恩格斯编写了《空想社会主义和科学社会主义》，拉法格把它翻译成法文，发表在法国社会主义杂志《社会主义评论》1880 年第 3—5 期上，同年又以法文单行本的形式出版。马克思称这部著作是"科学社会主义的入门"。1883 年 3 月，由德国《社会民主党人报》报社在霍廷根—苏黎世出版了德文单行本，改称《社会主义从空想到科学的发展》（以下简称《发展》），恩格斯对正文作了补充修改，并写了序言。此后，该书被翻译成多国文字陆续出版，受到各国工人阶级的广泛欢迎。

二、主要内容

1. 空想社会主义及其历史局限性

科学社会主义的思想源自 19 世纪空想社会主义。空想社会主义是资本主义固有的内在矛盾和阶级对立的初步反映。空想社会主义起初是资产阶级启蒙思想的进一步发展，因而就理论形式来说，现代社会主义最初表现为 18 世纪启蒙学者"所提出的各种原则的进一步的、据称是更彻底的发展"①。18 世纪的启蒙学说是 19 世纪空想社会主义的思想先驱。启蒙学者所谓的理性、自由、永恒正义、平等、人权，以及由此构筑起来的理性王国，并不像他们自己所标榜的那样具有普遍性、永恒性，而实际上只是反映了资产阶级的要求。空想社会主义据此提出了早期无产阶级运动的理论主张。

空想社会主义的发展经历了三个阶段。在 16 世纪和 17 世纪，有莫尔和康帕内拉对理想社会制度的空想的描写；在 18 世纪，有摩莱里、马布利以平均主义和禁欲主义为特色的空想社会主义；

---

① 《马克思恩格斯文集》第 3 卷，人民出版社 2009 年版，第 523 页。

19 世纪,出现了圣西门、傅立叶、欧文三位空想社会主义者。圣西门认为,第三等级的胜利只是资产阶级的胜利;阶级斗争不仅存在于贵族和市民(资产)阶级之间,更存在于贵族、市民阶级和无财产者之间。1816 年,他初步提出了关于经济状况是政治制度的基础的观点,之后又提出了人人都应该劳动、"废除国家"、政治将为经济包容、对人的统治应当变成对物的管理和对生产过程的领导等思想。傅立叶对资本主义制度作出了比较深刻的批判,他把社会历史视为一个从蒙昧、宗法经野蛮到文明四个阶段的辩证发展过程,并且每个阶段都会有上升和下降时期。他还提出妇女解放程度是衡量社会解放尺度的天才思想。欧文则根据法国唯物主义提出社会改造理论,认为人的性格是先天组织和所处环境两个方面的产物,所以只有从社会环境、制度方面改造社会才能改造人。他还把强大的生产力看做改造社会的基础,系统制定了消除阶级差别的方案。除揭露批判资本主义生产方式的弊端与罪恶之外,他们还对未来社会作出了一些天才的猜测,从而为科学社会主义的产生提出了有价值的思想。

空想社会主义学说存在着先天不足的理论缺陷。恩格斯指出:"不成熟的理论,是同不成熟的资本主义生产状况、不成熟的阶级状况相适应的。"[1] 大工业发展的不成熟,阶级矛盾暴露

---

[1] 《马克思恩格斯文集》第 3 卷,人民出版社 2009 年版,第 528 页。

的不充分，决定了他们思想的不成熟性。他们仍然从理性批判中探寻出路，而不是从现实的生活条件出发建立自己的理论。19世纪空想社会主义具有三大历史局限性：不是先解放一个阶级，而是立即解放全人类；虽然不同于资产阶级启蒙思想，但仍然想建立理性和永恒正义的王国，于是，社会主义仍然是"绝对真理、理性和正义的表现，只要它被发现了，它就能用自己的力量征服世界"①；把建立理性王国的关键寄希望于天才人物的偶然出现，而不是无产阶级及其实践。因此，恩格斯认为，"为了使社会主义变为科学，就必须首先把它置于现实的基础之上"②，这是实现社会主义从空想到科学的关键。

2. 唯物辩证法的产生使社会主义从空想到科学成为可能

把社会主义"置于现实的基础之上"，就是指社会主义不再是从某种感情或道德原则出发，而是要从社会现实出发。而这恰恰需要借助唯物史观。对资本主义社会进行唯物史观的考察，是实现社会主义从空想到科学的决定性环节。而唯物史观的创立又"只有借助于辩证法才有可能"③。

辩证法早在公元前五百多年的古希腊时期就已产生。主要代表人物有赫拉克利特与亚里士多德，后者"就已经研究了辩证

① 《马克思恩格斯文集》第 3 卷，人民出版社 2009 年版，第 536 页。
② 《马克思恩格斯文集》第 3 卷，人民出版社 2009 年版，第 537 页。
③ 《马克思恩格斯文集》第 3 卷，人民出版社 2009 年版，第 496 页。

思维的最主要的形式"①。古希腊哲学家们特别强调事物处在不断生成、转变、联系之中，这从总体上看是正确的。"这种观点虽然正确地把握了现象的总画面的一般性质，却不足以说明构成这幅总画面的各个细节；而我们要是不知道这些细节，就看不清总画面。"② 对细节的科学研究需要自然科学和社会历史科学来完成，它经过希腊时期和中世纪阿拉伯人的奠基与发展，从 15世纪下半叶正式开始，并不断取得巨大进展。

近代自然科学的研究习惯于"把各种自然物和自然过程孤立起来，撇开宏大的总的联系去进行考察"③，逐渐形成了形而上学的思维方式。17 世纪以来的近代哲学日益陷入这种形而上学，并代替辩证法占据了统治地位。恩格斯很重视自然科学的发展对辩证法思想的验证，强调"自然界是检验辩证法的试金石"④，甚至当德国资产阶级的学究们已经忘记了辩证法时，"我们不得不援引现代自然科学来证明辩证法在现实中已得到证实"⑤。但是，建立在近代自然科学基础上的形而上学思维方式因其固有的特征和局限，使它必然被自觉的辩证法所代替。

---

① 《马克思恩格斯文集》第 3 卷，人民出版社 2009 年版，第 538 页。
② 《马克思恩格斯文集》第 3 卷，人民出版社 2009 年版，第 539 页。
③ 《马克思恩格斯文集》第 3 卷，人民出版社 2009 年版，第 539 页。
④ 《马克思恩格斯文集》第 3 卷，人民出版社 2009 年版，第 541 页。
⑤ 《马克思恩格斯文集》第 3 卷，人民出版社 2009 年版，第 496 页。

在哲学上，自觉的辩证法是德国古典哲学的贡献。康德首先打开了形而上学思维方式的第一个缺口。黑格尔全面恢复了辩证法这一最高的思维形式，他把整个自然、历史和精神的世界描写为一个过程，处在不断的运动、变化、转变和发展之中，并企图揭示这种运动和发展的内在联系。黑格尔哲学在辩证法思想史上具有巨大功绩。但是，黑格尔的辩证法是唯心主义辩证法。在他看来，人头脑中的思想不是现实的事物和过程的反映，相反地，现实的事物及其发展只是某种"精神"的体现；逻辑、精神层面的辩证法是最纯粹的辩证法，自然和社会历史中的辩证法只是这种辩证法的"体现"。这样，一切都被颠倒了。

马克思、恩格斯确立了辩证法的唯物主义基础。与黑格尔只从思想、精神领域中提炼辩证法截然不同，马克思、恩格斯致力于从社会历史中探寻更真实的辩证法，把辩证法的基础还原为真实的社会历史生活。恩格斯进一步把辩证法的唯物主义基础从社会历史生活拓展到更广阔的自然界，通过研究自然科学，致力于在自然界中发现辩证法。对辩证法的唯物主义改造，为创立唯物辩证法作出了重要贡献。

唯物辩证法为历史唯物主义的产生，并进而为剩余价值规律的发现奠定了方法论基础。既然辩证法不再是某种神秘精神的表现，而是从社会生活和自然界本身中提炼、概括出来的，辩证法的规律是社会生活和自然界本身固有的逻辑的表达，自然界和社会生活中的辩证法是最真实的辩证法,那么,这就要求以科学的方法和科学的精神客观地研究自然界和社会历史发展的规律,特别是资本主义社会发展的规律。而以前那种以道德、情感、精神、观念外在地解释社会历史现象的历史唯心主义做法便被取代了,历史唯物主义的创立由此成为可能。这样一来,唯物辩证法就为从以前的自然唯物主义提升到历史唯物主义提供了现实可能性。历史唯物主义的创立又为进一步揭示资本主义社会的内在矛盾,洞察资本主义生产的秘密,发现剩余价值规律奠定了基础。因此,马克思、恩格斯正是借助于唯物辩证法,研究社会历史发展规律,特别是资本主义发展规律,对社会主义理论作出科学论证,为社会主义从空想变为科学奠定了坚实的哲学基础。

3. 唯物史观和剩余价值学说使社会主义从空想变为科学

唯物史观的创立是历史观上的重大变革。阶级斗争的明朗化,无产阶级的成熟,为唯物史观的创立提供了客观条件。按照唯物史观,原始公社解体以来的历史都是阶级斗争的历史,阶级是经济关系的产物,全部上层建筑要由经济基础来说明,社会存在决定社会意识。由此观察社会历史,可以发现,社会主义是资本主义社会两大阶级(无产阶级与资产阶级)之间斗争的必然产物,是资本主义社会生产力与生产关系内在矛盾运动的必然结果,而不再是天才人物的偶然发现。

剩余价值规律的发现对于科学社会主义的创立具有重大意

义。马克思运用唯物史观考察资本主义社会，创立剩余价值学说，发现了资本主义剥削的秘密。资本家购买了工人劳动力的使用权，在劳动力的价值与劳动力在劳动中创造的价值之间有一个差额，这个差额就是剩余价值。剩余价值是雇佣工人在生产中创造的被资本家无偿占有的超过劳动力价值的价值。剩余价值转化为资本，就是资本的不断积累。在资本的不断积累和发展过程中，资本的内在矛盾也不断暴露出来。

资本主义的生产是社会化大生产。社会化大生产相对于个人占有生产资料的、分散的小生产是一个巨大的历史进步，但生产的社会化与资本主义的私人占有之间又存在着对抗性的矛盾。这一矛盾"已经包含着现代的一切冲突的萌芽"①，在阶级关系上表现为"无产阶级和资产阶级相对立"②，在生产上表现为"个别工厂中生产的组织性和整个社会中生产的无政府状态之间的对立"③。

资本主义基本矛盾的发展必然导致经济危机。经济危机使生产力受到巨大破坏、阶级矛盾尖锐化。资本主义的基本矛盾靠资本主义自身无法解决，只有实行生产资料的社会占有才能解决。废除资本主义私有制，建立社会主义公有制，实现生产资料和产

---

① 《马克思恩格斯文集》第 3 卷，人民出版社 2009 年版，第 551 页。
② 《马克思恩格斯文集》第 3 卷，人民出版社 2009 年版，第 565 页。
③ 《马克思恩格斯文集》第 3 卷，人民出版社 2009 年版，第 554 页。

品的社会占有，便成为现代生产力发展和生产社会化的必然要求。资本主义基本矛盾的解决，要通过无产阶级革命来完成。为此，需要无产阶级长期地努力与奋斗，需要使生产资料摆脱资本的控制。恩格斯结合资本主义发展的新趋势，分析了股份公司、托拉斯、国家所有制等在资本主义关系内部采取的生产资料社会化形式，指出"无论向股份公司和托拉斯的转变，还是向国家财产的转变，都没有消除生产力的资本属性"，"现代国家，不管它的形式如何，本质上都是资本主义的机器，资本家的国家，理想的总资本家"①。

在此基础上，恩格斯描绘了未来新社会的基本特征：（1）生产资料从私有转变为社会占有；（2）摆脱了资本主义桎梏的生产力获得更大的发展；（3）社会生产内部的无政府状态将为有计划的自觉的组织所代替；（4）社会成员物质生活充裕，体力和智力获得自由的发展和运用；（5）消灭一切阶级对立；（6）对人的统治将由对物的管理和对生产过程的管理所代替，（执行阶级压迫与剥削职能的）国家将自行消亡；（7）人最终地脱离了动物界，第一次成为社会结合的主人、自然界的主人、自身的主人，也就是成为自由的人，从而使人类实现从必然王国到自由王国的飞跃。

_____

① 《马克思恩格斯文集》第 3 卷，人民出版社 2009 年版，第 559 页。

完成这一人类解放事业，是现代无产阶级的历史使命。深入考察这一事业的历史条件以及这一事业的性质本身，就是科学社会主义的任务。

三、历史地位与当代价值

《发展》被列宁称为"概述社会主义发展史"的著作。它系统地考察了科学社会主义的思想来源和理论前提，阐明了社会主义从空想到科学发展的历史必然性和科学社会主义的基本原理，丰富发展了马克思主义的理论体系。《发展》是学习、研读社会主义理论的基本文献，它在世界范围内有着广泛而深远的影响，对于坚持和发展中国特色社会主义具有重要理论价值和现实意义。

坚持科学社会主义理论、马克思主义理论的整体性。作为一部重要的科学社会主义著作，《发展》第一次阐述了社会主义理论与哲学、经济学理论之间的密切关系，阐述了唯物辩证法、唯物史观、剩余价值学说与科学社会主义之间的内在联系。它提醒我们，必须从哲学、经济学和社会主义思想三者之间的内在联系中，才能完整地把握科学社会主义理论。马克思主义理论也是如此，它是由马克思主义的哲学、政治经济学、科学社会主义三个主要部分组成的有机整体。只有从马克思主义理论的有机整体中，才能更准确、深刻地把握每一部分的理论。单纯从某一个学科的角度看待马克思主义，很容易造成理解上的片面化和肤浅化。坚持马克思主义的整体性，是坚持马克思主义科学理论和方法论的一个重要原则。

坚定共产主义理想信念。社会主义理想起初是作为一种"纯粹善良的愿望"① 而出现的，缺乏切实的基础和科学的论证。《发展》把社会主义的理想确立在唯物史观和剩余价值规律的基础上，通过揭示资本主义生产方式的内在矛盾及其发展规律，论证了从资本主义到社会主义和共产主义发展的历史必然性，使社会主义从空想变为科学。《发展》也为我们坚定社会主义道路自信、理论自信、制度自信和文化自信奠定了坚实的基础。"坚定的理想信念，必须建立在对马克思主义的深刻理解之上，建立在对历史规律的深刻把握之上。"② 中国特色社会主义要不断推向前进，必须坚定共产主义远大理想和中国特色社会主义共同理想，不断把理想变为现实。

坚持马克思主义理论大众化和时代化的统一。作为一部宣传科学社会主义的通俗著作，一部"献给工人，而不是献给书呆子和其他'有教养者'"③ 的著作，正如马克思在 1880 年法

---

① 《马克思恩格斯全集》第 9 卷，人民出版社 2009 年版，第 364 页。
② 《习近平谈治国理政》第 2 卷，人民出版社 2017 年版，第 35 页。
③ 《马克思恩格斯全集》第 35 卷，人民出版社 1971 年版，第 416 页。

文版前言中所说，《发展》是"科学社会主义的入门"①。它以其深入浅出的思想，生动、简洁的语言，曾经启迪过无数追求人类解放进步事业的人们。它是马克思主义理论科学化与大众化统一的典范，也是时代化与大众化统一的典范，对于推进马克思主义的中国化、时代化、大众化，发展21世纪马克思主义、当代中国马克思主义具有重要的启发意义。

坚持社会主义理论逻辑、实践逻辑和历史逻辑的统一。世界社会主义已经经历了五百年的发展，并经历了不同发展阶段。在空想社会主义阶段，不成熟的理论是同不成熟的资本主义生产状况、不成熟的阶级状况相适应的；19世纪中叶，马克思、恩格斯使社会主义从空想变为科学；20世纪初，列宁领导俄国十月革命，使社会主义从理论变为现实；之后，社会主义从一国实践变为多国实践；中国共产党坚持把科学社会主义同中国具体实践相结合，成功地开创了中国特色社会主义，在世界上高高举起了中国特色社会主义伟大旗帜。社会主义的发展，是社会主义理论逻辑、实践逻辑、历史逻辑的高度统一，是实践创新和理论创新相结合的结果。

---

① 《马克思恩格斯文集》第3卷，人民出版社2009年版，第493页。

"社会主义从来都是在开拓中前进的"①，要坚持和发展中国特色社会主义，必须坚持理论与实践相结合，不断开创马克思主义理论的新境界，不断开创中国特色社会主义的新局面。

四、延伸阅读

1. 恩格斯：《反杜林论》（引论，第三编），《马克思恩格斯文集》第 9 卷，人民出版社 2009 年版。

2. 恩格斯：《在马克思墓前的讲话》，《马克思恩格斯文集》第 3 卷，人民出版社 2009 年版。

3. 列宁：《弗里德里希·恩格斯》，《列宁专题文集 论马克思主义》，人民出版社 2009 年版。

五、思考题

1.《社会主义从空想到科学的发展》对马克思主义的中国化、时代化、大众化有何启示？

2. 如何理解马克思主义的整体性？

3. 如何看待中国特色社会主义在科学社会主义发展中的地位和作用？

4. 如何坚定共产主义的理想信念？

---

① 《习近平谈治国理政》第 1 卷，外文出版社 2018 年版，第 23 页。

恩格斯:《路德维希·费尔巴哈和德国古典哲学的终结》（节选）①

【一、三】

一、写作背景

实现马克思、恩格斯由来已久的一个愿望。马克思主义哲学是在批判、继承德国古典哲学，特别是黑格尔和费尔巴哈哲学的基础上创立的。早在 1845 年，马克思、恩格斯在《德意志意识形态》中就以批判黑格尔以后的哲学形式，着手阐明他们自己的哲学与德国哲学的意识形态见解的对立，"实际上是把我们从前的哲学信仰清算一下"②。但由于各种因素，这部著作当时未能出版。此后四十多年，马克思、恩格斯虽然在一些著作中对自己的哲学与黑格尔哲学的关系，曾经作过某些说明，但都不系统全面；至于费尔巴哈哲学，虽然是马克思主义哲学和黑格尔哲学之间的中间环节，但他们也从来没有回顾过，恩格斯感到欠着一笔"信誉债"。恩格斯写作《路德维希·费尔巴哈和德国古典哲

---

① 选自《马克思恩格斯文集》第 4 卷，人民出版社 2009 年版。
② 《马克思恩格斯文集》第 4 卷，人民出版社 2009 年版，第 265 页。

学的终结》（以下简称《费尔巴哈论》），可说是为了实现他和马克思的这一夙愿。

批判"复活"德国古典哲学消极因素的反动思潮。19 世纪 80 年代，"马克思的世界观远在德国和欧洲境界以外，在世界的一切文明语言中都找到了拥护者"①。资产阶级思想家极力歪曲马克思主义哲学与德国古典哲学的关系，抹杀它们之间的本质区别，同时竭力"复活"德国古典哲学中消极反动的东西，用以抵制马克思主义的广泛传播。"德国的古典哲学在国外，特别是在英国和斯堪的纳维亚各国，有某种复活。甚至在德国，各大学里借哲学名义来施舍的折中主义残羹剩汁，看来已叫人吃厌了。"② 新黑格尔主义对黑格尔哲学作主观唯心主义的解释，歪曲辩证法思想；新康德主义则在"回到康德"的口号下"复活"康德的先验唯心主义和不可知论。这些哲学思潮通过社会民主党内的右翼人物渗透到工人运动中。在这种情况下，恩格斯感到"越来越有必要把我们同黑格尔哲学的关系，我们怎样从这一哲学出发又怎样同它脱离，作一个简要而又系统的阐述"③。

---

① 《马克思恩格斯文集》第 4 卷，人民出版社 2009 年版，第 265 页。
② 《马克思恩格斯文集》第 4 卷，人民出版社 2009 年版，第 265—266 页。
③ 《马克思恩格斯文集》第 4 卷，人民出版社 2009 年版，第 266 页。

评述施达克的《路德维希·费尔巴哈》为写作提供了直接契机。 1885 年，丹麦哲学家、社会学家施达克写了《路德维希·费尔巴哈》一书，批判德国哲学界对费尔巴哈的攻击，但错误地认为因为费尔巴哈"相信人类进步"，追求"理想的目的"，因而是唯心主义者。这就提出了如何正确评价费尔巴哈哲学的问题。德国社会民主党理论刊物《新时代》请恩格斯评述该书。恩格斯于 1886 年完成《费尔巴哈论》，发表于《新时代》杂志第 4、5 期上，并于 1888 年作进一步修改，撰写了序言，作为附录收入马克思 1845 年春所写的《关于费尔巴哈的提纲》，以单行本的形式出版。

二、主要内容

1. 黑格尔哲学的"合理内核"、革命意义及其内在矛盾

以黑格尔哲学为代表的德国古典哲学是德国 1848 年资产阶级革命的先导。19 世纪的德国，正像 18 世纪的法国一样，哲学革命作了政治变革的前导。但不同的是，法国人的哲学革命高举战斗唯物主义和无神论的旗帜，同整个官方科学、教会、国家进行公开斗争，哲学家们受到封建制度和教会的迫害；德国的哲学革命则是隐藏在迂腐晦涩、笨拙枯燥的言辞和语句后面，哲学家得到普鲁士政府的支持。黑格尔哲学集中体现了德国资产阶级哲学的特点，引起近视的政府的感激和同样近视的自由派的愤怒，

但海涅在 1833 年就看到了黑格尔哲学的革命性。

恩格斯剖析了黑格尔《法哲学原理》中的一个著名命题,即"凡是现实的都是合乎理性的,凡是合乎理性的都是现实的"①,阐明了黑格尔唯心辩证法的合理内核。这一命题表面上看,是把现存的一切神圣化。但是,在黑格尔看来,现实性仅仅属于那同时是必然的东西,"现实性在其展开过程中表明为必然性"②,因而决不是一切现存的都无条件地也是现实的,必然的东西归根到底会表明自己是合理的。现实性决不是某种社会状态或政治状态在一切环境和一切时代所具有的属性,因为一切事物都在发生变化。在发展进程中,以前一切现实的东西都会成为不现实的,都会丧失自己的必然性、自己存在的权利、自己的合理性;一种新的、富有生命力的现实的东西则会代替正在衰亡的现实的东西。这样,黑格尔的这个命题,由于黑格尔的辩证法本身,就转化为自己的反面,即"凡是现存的,都一定要灭亡"③。

黑格尔哲学的真实意义和革命性质,正是在于它彻底否定了关于人的思维和行动的一切结果具有最终性质的看法。真理是在发展过程中,历史同样处于发展过程中,永远不会完结。恩格斯由此进一步指出辩证法的普遍性:辩证哲学"推翻了一切关于

---

① 《马克思恩格斯文集》第 4 卷,人民出版社 2009 年版,第 268 页。
② 《马克思恩格斯文集》第 4 卷,人民出版社 2009 年版,第 268 页。
③ 《马克思恩格斯文集》第 4 卷,人民出版社 2009 年版,第 269 页。

最终的绝对真理和与之相应的、绝对的人类状态的观念。在它面前，不存在任何最终的东西、绝对的东西、神圣的东西；它指出所有一切事物的暂时性；在它面前，除了生成和灭亡的不断过程、无止境地由低级上升到高级的不断过程，什么都不存在。它本身就是这个过程在思维着的头脑中的反映"①。恩格斯同时还揭示了运动、发展、变化的绝对性和相对性的统一："诚然，它也有保守的方面：它承认认识和社会的一定阶段对它那个时代和那种环境来说都有存在的理由，但也不过如此而已。这种观察方法的保守性是相对的，它的革命性质是绝对的——这就是辩证哲学所承认的唯一绝对的东西。"②

黑格尔哲学的辩证法和唯心主义体系之间存在着矛盾。黑格尔自己并没有明确地作出按照其方法必然要得出的革命结论。这是因为黑格尔建立了一个庞大的唯心主义哲学体系。黑格尔哲学把历史的终点设想成人类达到对绝对观念的认识，并宣布对绝对观念的认识已经在自己哲学中达到了，黑格尔体系的全部教条内容也就被宣布为绝对真理，这同它消除一切教条东西的辩证方法是矛盾的，革命的方面被过分茂密的保守的方面所窒息。与对绝对观念的认识相联系，黑格尔在历史实践方面，把君主立宪的普鲁士王国当做历史发展的顶峰。这样，黑格尔虽然有辩证法这一

① 《马克思恩格斯文集》第4卷，人民出版社2009年版，第270页。
② 《马克思恩格斯文集》第4卷，人民出版社2009年版，第270页。

革命的思维方法，但是由于它的体系内部的需要，竟产生了极其温和的政治结论。"这个结论的特殊形式当然是由下列情况造成的：黑格尔是一个德国人，而且和他的同时代人歌德一样，拖着一根庸人的辫子。"① 他们的思想反映了当时德国资产阶级的特点：既想革命，又害怕革命。尽管如此，哲学在黑格尔那里还是完成了，一方面，因为他在自己的体系中以最宏伟的方式概括了哲学的全部发展，包括了以前任何体系都不可比拟的广大领域，阐发了令人惊奇的丰富思想；另一方面，因为他（虽然是不自觉地）给我们指出了一条走出这个体系的迷宫而达到真切地认识世界的道路，即沿着实证科学和利用辩证思维对这些科学成果进行概括的途径去追求可以达到的相对真理。

2. 批判费尔巴哈宗教哲学的唯心主义

费尔巴哈是一个伟大的无神论者，他与黑格尔哲学决裂的同时就猛烈地抨击了基督教，提出"神是人的本质的异化"。但是，费尔巴哈并没有对产生宗教的世俗基础本身进行批判，而是认为"心是宗教的本质"，即人与人之间的感情关系、心灵关系，特别是男女之间的爱情关系，是宗教的本质。因而他决不希望废除宗教，而是希望使宗教完善化，用爱的宗教去代替有神的宗教。同时，他还认为人类各个时期仅仅由于宗教的变迁而彼此

---

① 《马克思恩格斯文集》第 4 卷，人民出版社 2009 年版，第 272 页。

区别开来。

费尔巴哈混淆了宗教与人们的感情关系。人与人之间、特别是两性之间的感情关系，是自有人类以来就存在的并和人类共存亡的社会现象；而宗教是历史现象，是人类社会在一定历史阶段存在的自然压迫和社会压迫的产物，随着产生宗教的根源的消失，宗教也将随之消亡。费尔巴哈的唯心主义在于，他不是直截了当地按照本来面貌看待人们之间以相互倾慕为基础的关系，如友谊、同情、舍己精神等，而是断言这些关系只有以宗教名义使之神圣化以后才会获得自己的完整的意义。宗教一词来源于拉丁文"religare"一词，本来是联系的意思，费尔巴哈因此认为，两个人之间的任何联系都是宗教。"这种词源学上的把戏是唯心主义哲学的最后一着。"① 因此，费尔巴哈的唯心主义就在于把人与人之间的感情关系和心灵关系神圣化，并当做宗教。

费尔巴哈的宗教史观是"绝对错误的"。重大的历史转折点有宗教变迁伴随，只是就迄今存在的三种世界宗教即佛教、基督教和伊斯兰教而言的。其他的宗教，如古老的自发产生的部落宗教和民族宗教是不传布的，一旦部落或民族的独立遭到破坏，它们便失掉抵抗力。即使是三种世界宗教也不是任何时候都伴随历史转折而变迁，"甚至在基督教传播的范围内，具有真正普遍意

① 《马克思恩格斯文集》第 4 卷，人民出版社 2009 年版，第 288 页。

义的革命也只有在资产阶级解放斗争的最初阶段即从 13 世纪到 17 世纪，才带有这种宗教色彩"①。这种色彩要用以往的整个中世纪的历史来解释，中世纪只知道一种意识形态，即宗教和神学。到了 18 世纪，资产阶级已经强大到足以建立自己的意识形态，便抛弃了宗教的外衣，仅仅诉诸法律的和政治的观念。这里，恩格斯再次揭示出不是宗教的变迁决定社会历史的发展，而是社会历史的发展决定宗教的变迁。

费尔巴哈唯心主义宗教哲学具有危害性。在阶级对立的社会里，同他人交往时表现纯粹人类感情的可能性已经被破坏得差不多了，在这种情况下，费尔巴哈把这种感情尊崇为宗教，只会更多地破坏这种可能性。当时，德国流行的历史编纂学把人类的历史说成是精神发展史、宗教发展史，已经模糊了人们对阶级斗争的理解。费尔巴哈把阶级斗争的历史变为宗教史的附属品，使人们对阶级斗争的理解完全成为不可能。

3. 批判费尔巴哈伦理学的唯心主义

费尔巴哈伦理学的出发点是抽象的人。他认为基督教的神只是人的虚幻的反映、映像，而且这个神本身是长期抽象过程的产物，是以前许多部落神和民族精神集中起来的精华。与此相应，被反映为这个神的人也不是一个现实的人，同样是许多现实人的

---

① 《马克思恩格斯文集》第 4 卷，人民出版社 2009 年版，第 289 页。

精华，是抽象的人，是一个思想上的形象。尽管费尔巴哈宣扬感性，宣扬专心研究具体的东西、研究现实，可是，"同一个费尔巴哈，一谈到人们之间纯粹的性关系以外的某种关系，就变成完全抽象的了"①。他把人的本质"理解为'类'，理解为一种内在的、无声的、把许多个人自然地联系起来的普遍性"②。在人与人的关系中，除了男女两性关系外，他只看到一种道德关系。

与黑格尔哲学相比，费尔巴哈的伦理学是贫乏的。黑格尔的伦理学就是法哲学，其中包括抽象的法、道德和伦理，伦理中又包括家庭、市民社会和国家。黑格尔的伦理学其形式是唯心主义的，因为它以绝对观念为基础和出发点；其内容是"实在论的"，即现实的，因为"法、经济、政治的全部领域连同道德都包括进去了"③。费尔巴哈的伦理学在形式上是"实在论的"，它把人作为出发点；在内容上是贫乏的、唯心主义的。费尔巴哈不是从现实的社会关系去考察人，"关于这个人生活的世界却根本没有讲到"④，这个人不是生活在现实的、历史地发生和历史地确定了的世界里面，和这个人发生交往的其他人也是抽象的。尽管费尔巴哈的伦理学间或也出现一些有价值的命题，如"皇宫

---

① 《马克思恩格斯文集》第 4 卷，人民出版社 2009 年版，第 290 页。
② 《马克思恩格斯文集》第 1 卷，人民出版社 2009 年版，第 501 页。
③ 《马克思恩格斯文集》第 4 卷，人民出版社 2009 年版，第 290 页。
④ 《马克思恩格斯文集》第 4 卷，人民出版社 2009 年版，第 290 页。

中的人所想的,和茅屋中的人所想的是不同的"①,"如果你因为饥饿、贫困而身体内没有养料,那么你的头脑中、你的感觉中以及你的心中便没有供道德用的养料了"②,"政治应当成为我们的宗教"③ 等,这些命题包含一定程度的唯物主义因素,但他完全不知道用这些命题去干什么,因而,它们始终是纯粹的空话。

在善恶对立的研究上,费尔巴哈与黑格尔比较起来也是肤浅的。黑格尔认为,"人本性是恶"这句话比"人本性是善"表达出了一种更伟大得多的思想。恶是历史发展的动力的表现形式。恩格斯指出,这个命题包含双重含义:一方面,每一种新的进步都必然表现为对某一种神圣事物的亵渎,表现为对陈旧的、日渐衰亡的、但为习惯所崇奉的秩序的叛逆;另一方面,自从阶级对立产生以来,正是人的恶劣的情欲——贪欲和权势欲成了历史发展的杠杆。费尔巴哈把善和恶绝对对立起来,"就没有想到要研究道德上的恶所起的历史作用"④。历史对他来说是一个不愉快的可怕的领域,虽然费尔巴哈说过"人是人、文化、历史的产物"⑤,但由于他的抽象的人的观念,这句名言在他那里是根本

① 《马克思恩格斯文集》第 4 卷,人民出版社 2009 年版,第 290 页。
② 《马克思恩格斯文集》第 4 卷,人民出版社 2009 年版,第 290 页。
③ 《马克思恩格斯文集》第 4 卷,人民出版社 2009 年版,第 290 页。
④ 《马克思恩格斯文集》第 4 卷,人民出版社 2009 年版,第 291 页。
⑤ 《马克思恩格斯文集》第 4 卷,人民出版社 2009 年版,第 291 页。

不结果实的。

费尔巴哈的道德基本准则是贫乏和空泛的。费尔巴哈认为，追求幸福的欲望是一切道德的基础，人追求幸福的欲望受到我们行为的自然后果和社会后果的双重矫正，我们要满足这种欲望，就必须正确估量我们行为的后果，还必须承认他人有相应的欲望的平等权利。因此，对己以合理的自我节制，对人以爱，这是道德的基本准则。恩格斯指出："费尔巴哈的道德或者是以每一个人无疑地都有这些满足欲望的手段和对象为前提，或者只向每一个人提供无法应用的忠告，因而对于没有这些手段的人是一文不值的。"① 至于他人追求幸福的平等权利，在古代的奴隶和奴隶主之间、中世纪的农奴和领主之间是根本谈不上的，"资本主义对多数人追求幸福的平等权利所给予的尊重，即使有，也未必比奴隶制或农奴制所给予的多一些"②。按照费尔巴哈的道德准则，证券交易所就是最高的道德殿堂，只要人们的投机始终都是得当的。因此，费尔巴哈的道德是完全适合于现代资本主义社会的，不管他自己多么不愿意或想不到是这样。在他那里，爱随时随地都是一个可以创造奇迹的神，可以帮助克服实际生活中的一切困难。在一个分裂为利益直接对立的阶级的社会里，费尔巴哈的爱的理论只能起麻痹被剥削阶级的极其有害的作用，"他的哲学中

---

① 《马克思恩格斯文集》第 4 卷，人民出版社 2009 年版，第 292 页。
② 《马克思恩格斯文集》第 4 卷，人民出版社 2009 年版，第 293 页。

的最后一点革命性也消失了"①。

费尔巴哈的道德论和康德的绝对命令一样,是软弱无力的。它是为一切时代、一切民族和一切情况而设计出来的,正因为如此,它在任何时候和任何地方都是不适用的。这是因为道德是一定社会经济关系的产物,因而是历史的,随社会经济关系的变化而变化。在阶级社会,每一个阶级,甚至每一个行业,都有各自的道德。费尔巴哈所说的把一切人联合起来的爱,实际上则表现在战争、争吵、诉讼、家庭纠纷、离婚以及一些人对另一些人尽可能的剥削中。

4. 费尔巴哈陷入历史唯心主义的根源

费尔巴哈对哲学的发展提供了"强大推动力",他冲破了黑格尔哲学的唯心主义体系,使唯物主义重新登上王座。但是,这种强大的推动力对他本人的哲学研究却影响不大。他没有把自己的唯物主义贯彻到社会历史领域,用唯物主义观点去研究宗教、伦理等社会现象,在历史观上仍然是唯心主义。究其原因,首先,费尔巴哈不了解人的实践活动对人的意义,不能找到从抽象王国通向活生生的现实世界的道路。他仅仅抓住自然界和人,把它们作为自己哲学研究的对象,但在他那里,自然界和人都是空

---

① 《马克思恩格斯文集》第 4 卷,人民出版社 2009 年版,第 294 页。

话。费尔巴哈反对"把这些人作为在历史中行动的人去考察"①，因而关于现实的自然界或关于现实的人，他都不能对我们说出任何确定的东西。其次，费尔巴哈脱离了现实的革命斗争。当1848年的革命实践向他召唤时，他认为这是"毫无意义的事情"而拒绝了，从而"意味着和现实世界最后分离，意味着退入孤寂的生活"②。这很大程度上又要归咎于德国的状况，这种状况使他落得这样一种结局。

三、历史地位与当代价值

《费尔巴哈论》是恩格斯对马克思主义哲学研究的总结性成果。在马克思主义哲学创立40年后，该书总结了马克思主义哲学产生发展的历史过程和基本规律，论述了马克思主义哲学与德国古典哲学的关系，阐述了马克思主义哲学变革及其意义，比较全面地阐释了马克思主义哲学尤其是历史唯物主义的主要原理，反驳了资产阶级的伪造和歪曲。恩格斯指出，正是在《反杜林论》和《费尔巴哈论》中，"对历史唯物主义作了就我所知是目前最为详尽的阐述"③。列宁强调，"在恩格斯的著作《路德维希·费尔巴哈》和《反杜林论》里最明确最详尽地阐述了他们

---

① 《马克思恩格斯文集》第4卷，人民出版社2009年版，第294页。
② 《马克思恩格斯文集》第4卷，人民出版社2009年版，第294页。
③ 《马克思恩格斯文集》第10卷，人民出版社2009年版，第593页。

（即马克思和恩格斯——引者注）的观点，这两部著作同《共产党宣言》一样，都是每个觉悟工人必读的书籍"①。《费尔巴哈论》对我们今天深入理解、坚持和发展马克思主义哲学具有当代价值。

准确理解马克思主义哲学革命性变革的实质。《费尔巴哈论》通过对黑格尔哲学与费尔巴哈哲学的批判性分析，不仅说明了黑格尔哲学的合理内核与费尔巴哈哲学的唯物主义性质，而且剖析了黑格尔概念辩证法和费尔巴哈人本主义哲学的理论局限，揭示了德国古典哲学乃至整个近代哲学由于其内在矛盾和时代变迁而发生根本转向的必然性，阐明了马克思主义哲学如何在批判继承黑格尔哲学和费尔巴哈哲学的基础上，实现哲学史上的革命性变革。这对我们今天准确理解马克思主义哲学的实质具有极其重要的意义。一方面要把握马克思主义哲学对旧哲学积极成果的吸纳，另一方面要划清马克思主义哲学与旧哲学的界限。与旧哲学局限于抽象的理论主题不同，马克思主义哲学的主题是无产阶级和人类的解放；与旧哲学只是"解释世界"不同，马克思主义哲学强调"改变世界"；与旧哲学的唯心主义、不彻底的唯物主义及形而上学不同，马克思主义哲学在科学实践观的基础上实现了唯物主义和辩证法的统一、唯物主义自然观和历史观的

———————————

① 《列宁专题文集·论马克思主义》，人民出版社2009年版，第67页。

统一，是辩证的、历史的唯物主义。

深刻把握哲学的时代性和阶级性。《费尔巴哈论》对黑格尔哲学和费尔巴哈哲学的分析，始终贯穿着恩格斯对哲学与时代、哲学与阶级之间关系的把握。黑格尔哲学是德国资产阶级政治革命的先导，黑格尔革命的方法与保守的体系之间的矛盾反映了德国资产阶级的两面性。费尔巴哈的宗教哲学使人们不可能正确理解历史上重大的阶级斗争；费尔巴哈的道德论是完全适合于现代资本主义社会的；费尔巴哈陷入历史唯心主义的重要根源在于德国的状况导致他和现实世界分离。恩格斯的分析对于正确看待黑格尔哲学、费尔巴哈哲学的合理内核以及局限性是非常重要的。这不仅对于正确认识和把握现当代各种哲学思潮的性质和特点具有重大的方法论意义，而且对我们在新的历史条件下正确推进马克思主义哲学的发展具有重要指导意义。当代中国正经历着历史上最为广泛而深刻的社会变革，也正在进行着人类历史上最为宏大而独特的实践创新。这种前无古人的伟大实践，必将给理论创造提供强大动力和广阔空间。我们要立足国情，立足当代，从社会发展的实践中挖掘新材料、发现新问题、提出新观点、构建新理论，推进马克思主义哲学中国化、时代化、大众化；要坚守人民立场，坚持以人民为中心的研究导向，坚持用人民利益标准去思考和回答问题；要把人民最精致、最珍贵和看不见的精髓都集中在哲学里，并用人民群众懂得的语言使马克思主义哲学转化为人民群众的生活智慧，成为人民群众认识和改造世界的思想武器。

科学对待历史上的文明成果。《费尔巴哈论》体现了马克思主义哲学对待德国古典哲学批判继承的科学方法，为我们正确对待人类历史上的文明成果树立了典范。对于历史文化，我们要坚持古为今用、推陈出新，有鉴别地加以对待，有扬弃地予以继承。既要反对文化虚无主义，也要反对文化保守主义。一方面，坚守中华文化立场，维护中华文化基本元素，继承和弘扬中华优秀传统文化。抛弃传统、丢掉根本，就等于割断精神命脉。另一方面，坚持创造性转化、创新性发展。结合新的时代条件和实践要求，对中华优秀传统文化的内涵和表现形式加以丰富、拓展、完善，使其不断发扬光大。与此同时，要广泛参与世界文明对话，借鉴吸收人类文明成果，从而发展面向现代化、面向世界、面向未来的，民族的科学的大众的中国特色社会主义文化。

四、延伸阅读

1. 马克思:《关于费尔巴哈的提纲》,《马克思恩格斯文集》第 1 卷，人民出版社 2009 年版。

2. 马克思、恩格斯:《德意志意识形态》第一卷第一章《费尔巴哈》,《马克思恩格斯文集》第 1 卷，人民出版社 2009 年版。

3. 马克思:《〈黑格尔法哲学批判〉导言》,《马克思恩格斯文集》第 1 卷，人民出版社 2009 年版。

4. 列宁：《马克思主义的三个来源和三个组成部分》，《列宁全集》第 23 卷，人民出版社 1990 年版。

五、思考题

1. 根据恩格斯的论述，结合学术界的研究，分析马克思主义哲学与德国古典哲学的关系。

2. 如何理解恩格斯对费尔巴哈宗教观和伦理学批判的当代意义？

3. 运用马克思主义哲学对待德国古典哲学的态度和方法，谈谈如何发展中国特色社会主义文化。

马克思、恩格斯：马克思恩格斯书信精选^①

马克思：

《给〈祖国纪事〉杂志编辑部的信》（1877 年 10—11 月）

《给维·伊·查苏利奇的复信》（1881 年 2—3 月）

恩格斯：

《致康拉德·施米特》（1890 年 8 月 5 日）

《致约瑟夫·布洛赫》（1890 年 9 月 21—22 日）

《致康拉德·施米特》（1890 年 10 月 27 日）

《致弗兰茨·梅林》（1893 年 7 月 14 日）

《致瓦尔特·博尔吉乌斯》（1894 年 1 月 25 日）

一、写作背景

回答俄国农村公社和俄国社会发展道路问题。19 世纪 70 年代以后，马克思把注意力更多地转移到俄国和美国的经济发展上，从重点对西欧社会的研究转向对东方社会问题的研究。当时，一些俄国革命者自认为是依据《资本论》研究俄国农村公社问题时却得出了不同的结论和看法。1877 年，俄国民粹主义

---

① 选自《马克思恩格斯文集》第 3、10 卷，人民出版社 2009 年版。

思想家米海洛夫斯基在《祖国纪事》杂志发表《卡尔·马克思在尤·茹科夫斯基先生的法庭上》一文，就农村公社问题对《资本论》作了曲解，认为马克思不同意"俄国人为他们的祖国寻找一条不同于西欧已经走过而且正在走着的发展道路"①。1881 年，俄国女革命家查苏利奇请求马克思谈谈他对俄国历史发展的前景，特别是对俄国农村公社发展命运的看法。马克思分别于 1877 年 10—11 月和 1881 年 2—3 月起草了《给〈祖国纪事〉杂志编辑部的信》和《给维·伊·查苏利奇的复信》，阐明了自己的观点。

驳斥资产阶级学者和德国社会民主党内机会主义者对历史唯物主义的歪曲。19 世纪 90 年代，随着马克思主义的广泛传播，唯物史观遭到了一些人的歪曲和诋毁。德国资产阶级学者、莱比锡大学教授保·巴尔特在其《黑格尔和包括马克思及哈特曼在内的黑格尔派的历史哲学》一书中，把唯物史观歪曲为"经济唯物主义""技术经济史观""社会静力学"，把某些不正确的东西强加给马克思，反过来却说"马克思自相矛盾，不会运用自己的理论"②。德国理论界即使像康拉德·施米特这样一度赞同马克思学说的学者，也无法准确地理解历史唯物主义的真正内涵。德国社会民主党内以保尔·恩斯特为首的"青年派"则把

---

① 《马克思恩格斯文集》第 3 卷，人民出版社 2009 年版，第 463 页。
② 《马克思恩格斯文集》第 10 卷，人民出版社 2009 年版，第 616—617 页。

马克思主义庸俗化、教条化，造成理论和思想上的混乱。欧洲工人运动的一些领导人对历史唯物主义也缺乏深刻的理解。在此情况下，恩格斯从 1890 年到 1894 年在给康拉德·施米特、约瑟夫·布洛赫、弗兰茨·梅林、瓦尔特·博尔吉乌斯等人的一系列书信中，就唯物史观的若干问题作了细致阐发和进一步的论述。

二、主要内容

1. 东方社会发展道路的新探索

马克思指出，《资本论》关于西欧资本主义起源的历史概述不能变成一般历史哲学。因为西欧的发展是把一种私有制形式变成另一种私有制形式，而在俄国则是要把公有制变为私有制。《资本论》中所作的相关分析，没有提供否定俄国农村公社生命力的论据。把马克思关于西欧资本主义起源的历史概述彻底变成一般发展道路的历史哲学理论，会给马克思过多的荣誉，同时也会给他过多的侮辱。极为相似的事变发生在不同的历史环境中会引起完全不同的结果。如果对历史演变中的每一个都加以研究，然后再把它们加以比较，就会很容易找到理解这种现象的钥匙。但是，使用一般历史哲学理论这一"万能钥匙"，是永远达不到这种目的的，这种历史哲学理论的所谓"最大长处"就在于它是超历史的。

　　俄国的公社不同于较古的公社，它属于农业公社的一种类型，是古代社会形态的最近形式，具有公私二重性。俄国农村公社的耕地是不准让渡的公共财产，定期在各个社员之间进行重新分配，每一社员用自己的力量来耕种分给他的地，并把产品留为己有；房屋及其附属物——园地则是农民私有的。农村公社制度的这种二重性能够成为它的巨大生命力的源泉，也可能逐渐成为公社解体的萌芽。或者是私有成分在公社中战胜集体成分，或者是后者战胜前者，一切都取决于它所处的历史环境。俄国农村公社具有独一无二的历史环境：在整个欧洲，只有它是一个巨大的帝国内农村生活中占统治地位的组织形式，土地公有制赋予它以集体占有的自然基础；它和资本主义生产同时存在又给予它以实现大规模组织起来合作劳动的现成物质条件。这一独特历史环境使得它有可能成为俄国社会新生的支点，可以“不通过资本主义制度的卡夫丁峡谷，而占有资本主义制度所创造的一切积极的成果”①。

　　当时的俄国公社也遭遇着来自外部和内部的各种损害：国家的压迫，资本家、商人以及土地所有者的剥削，乡村高利贷者的搜刮。因此，要挽救俄国公社，就必须有俄国革命，通过革命排除从各方面向它袭来的破坏性影响，保证它具备自然发展的正常

① 《马克思恩格斯文集》第3卷，人民出版社2009年版，第578页。

条件。"如果革命在适当的时刻发生，如果它能把自己的一切力量集中起来以保证农村公社的自由发展，那么，农村公社就会很快地变为俄国社会新生的因素，变为优于其他还处在资本主义制度奴役下的国家的因素。"① 马克思、恩格斯在《共产党宣言》1882 年俄文版序言中进一步指出，"假如俄国革命将成为西方无产阶级革命的信号而双方互相补充的话，那么现今的俄国土地公有制便能成为共产主义发展的起点"②。

2. 经济基础与上层建筑的辩证法

针对资产阶级学者把历史唯物主义曲解为"经济唯物主义"，恩格斯指出，"根据唯物主义观点，历史中的决定性因素，归根结底是直接生活的生产和再生产"③。这里讲的决定性是就其最终意义而言的。因为政治、法律、哲学、宗教、文学等的发展是以经济发展为基础的，或者是经济状况的表现，或者处于经济发展起支配作用的影响之下。经济关系在社会生活中归根到底还是具有决定意义的，它构成一条贯穿始终的红线。

但是，对历史进程发生影响的还有上层建筑的各种因素：阶级斗争的政治形式，各种法的形式，政治的、法律的和哲学的理论，宗教的观点等。这些因素之间也是交互作用的。上层建筑对

① 《马克思恩格斯文集》第 3 卷，人民出版社 2009 年版，第 582 页。
② 《马克思恩格斯文集》第 2 卷，人民出版社 2009 年版，第 8 页。
③ 《马克思恩格斯文集》第 4 卷，人民出版社 2009 年版，第 15 页。

于经济基础具有相对独立性，经济运动往往受到政治运动的反作用。国家权力对经济发展的反作用可以有三种：第一，它可以沿着同一方向起作用，推动经济的发展；第二，它可以沿着相反方向起作用，破坏经济的发展；第三，阻止经济发展沿着既定的方向走，而给它规定另外的方向。国家权力还有侵占和粗暴地毁灭经济资源的情况。此外，法以及宗教、哲学等意识形态同样对经济基础具有反作用。

3. 意识形态的相对独立性

意识形态具有自身的历史继承性。思想家在进行理论创造时，总是依据一定的材料，而这些材料是从以前的各代人的思维中独立形成的，并且在这些世代相继的人们的头脑中经过了自己的独立的发展道路。意识形态的形成和发展的独立性只是外部的表现形式，它归根到底是由经济的发展和社会存在所决定的。恩格斯指出，路德和加尔文对天主教的改革，黑格尔克服了费希特和康德，卢梭以其共和主义的《社会契约论》间接地克服了立宪主义者孟德斯鸠，重农主义者和亚当·斯密克服了重商主义者，决不只是一个纯粹思维过程，而主要是改变了的经济事实在思想中的反映。

意识形态发展和社会经济发展具有不平衡性。同政治和法律相比，宗教、哲学等同经济的联系是间接的、更高地悬浮于空中的思想领域。由于意识形态自身的历史继承性等特点，经济上发达的国家，不一定是意识形态水平高的国家，而"经济上落后的国家在哲学上仍然能够演奏第一小提琴"①。18世纪的法国对英国来说是如此，后来的德国对英法两国来说也是如此。但是，不论在法国或是德国，哲学和那个时代的普遍的学术繁荣一样，也是经济高涨的结果。经济发展对这些领域也具有最终的至上权力，这种至上权力是发生在各该领域本身所规定的那些条件的范围内，即经济决定着现有的思想材料的改变和进一步发展的方式。经济的支配作用对政治和法律相对直接，对哲学和宗教相对间接。

各种意识形态之间是相互作用的。政治、法律、哲学、宗教、文学、艺术等"又都互相作用并对经济基础发生作用"②。在阶级社会里，政治思想和法律思想是社会意识形态的核心部分，它们对其他的意识形态起着支配作用。"对哲学发生最大的直接影响的，是政治的、法律的和道德的反映。"③ 各种意识形态相互作用是影响经济状况和社会发展的重要原因。这种影响、反作用与经济的决定作用不是等同的、并列的，"这是在归根到底总是得到实现的经济必然性的基础上的互相作用"④。

---

① 《马克思恩格斯文集》第10卷，人民出版社2009年版，第599页。
② 《马克思恩格斯文集》第10卷，人民出版社2009年版，第688页。
③ 《马克思恩格斯文集》第10卷，人民出版社2009年版，第600页。
④ 《马克思恩格斯选集》第4卷，人民出版社1995年版，第732页。

4. 历史发展的必然性和偶然性及合力论思想

历史运动具有必然性和偶然性。人们自己创造自己的历史，但是是在十分确定的前提和条件下进行创造的，其中，经济的前提和条件归根到底是决定性的。但是政治、法律以及传统等，也起着一定的作用。到现在为止，人们并不是按照共同的意志和共同的计划，甚至不是在一个有明确界限的既定社会内来创造自己的历史，他们的意向是相互交错的，而总的历史结果又表现为某种必然性。"在这里通过各种偶然性来为自己开辟道路的必然性，归根到底仍然是经济的必然性。"① 经济运动作为必然的东西通过无穷尽的偶然事件向前发展，历史规律的必然性是以偶然性为其补充和表现形式的。

伟大人物的出现也有必然性和偶然性。恩格斯在致瓦尔特·博尔吉乌斯的信中说，恰巧某个伟大人物在一定时间出现于某一国家，这纯粹是一种偶然现象；但是，如果我们把这个人去掉，那就会需要有另外一个人来代替他，并且这个代替者最终总是会出现的。我们研究的领域越是远离经济，越是接近纯粹抽象的意识形态，我们就越是发现它在自己的发展中表现为偶然现象，它的曲线就越是曲折。如果画出中轴线，我们就会发现，所考察的时期越长，范围越广，这个轴线就越同经济发展的轴线接近于

① 《马克思恩格斯文集》第 10 卷，人民出版社 2009 年版，第 669 页。

平行。

历史发展是由合力推动的。恩格斯指出："历史是这样创造的：最终的结果总是从许多单个的意志的相互冲突中产生出来的，而其中每一个意志，又是由于许多特殊的生活条件，才成为它所成为的那样。这样就有无数互相交错的力量，有无数个力的平行四边形，由此就产生出一个合力，即历史结果，而这个结果又可以看做一个作为整体的、不自觉地和不自主地起着作用的力量的产物。"① 在这里，恩格斯深刻揭示了历史的辩证法，说明了历史发展的规律性和人的活动的目的性之间的辩证关系。首先，历史是人们创造的，但每个人的意愿都是由特殊生活条件决定的，而且都会受到另一个人的妨碍，最后的结果是谁都没有希望过的事物。所以，历史总是像一种自然过程一样地进行，服从同一运动规律。其次，人的意志参与了历史规律的形成。历史虽然不是按照每个人的意志发展，但从这一事实中决不应得出结论说，这些意志等于零，相反地，每个意志都对合力有所贡献，因而包括在合力里面。这里显现出历史规律与自然规律的不同。历史合力论是对历史规律作用方式的形象表达，表明历史规律是在人类活动的合力中形成的，并且是通过人类活动的合力作用实现的。

---

① 《马克思恩格斯文集》第 10 卷，人民出版社 2009 年版，第 592 页。

5. 历史唯物主义首先是进行研究工作的指南

恩格斯指出，对德国的许多青年著作家来说，"唯物主义"这个词大体上是一个套语，他们把这个套语当做标签贴到各种事物上去，就以为问题得到解决，再不需要作进一步研究了。"只是用历史唯物主义的套语（一切都可能被变成套语）来把自己的相当贫乏的历史知识（经济史还处在襁褓之中呢！）尽速构成体系，于是就自以为非常了不起了。"① 这就把马克思主义教条化、简单化和庸俗化了，为巴尔特之流攻击历史唯物主义制造了口实。

历史唯物主义不是教条，而是行动的指南。恩格斯强调，"我们的历史观首先是进行研究工作的指南，并不是按照黑格尔学派的方式构造体系的杠杆"②。它是科学的世界观，也是科学的方法论。它要求全面地研究全部历史，详细研究各种社会形态存在的条件，然后设法从这些条件中找出相应的政治、私法、美学、哲学、宗教等的观点。恩格斯认为："这个领域无限广阔，谁肯认真地工作，谁就能做出许多成绩，就能超群出众。"③ 如果不把历史唯物主义当做研究历史的指南，而把它当做现成的公式，按照它来剪裁各种历史事实，那么它就会转变成自己的对立

① 《马克思恩格斯文集》第 10 卷，人民出版社 2009 年版，第 587 页。
② 《马克思恩格斯文集》第 10 卷，人民出版社 2009 年版，第 587 页。
③ 《马克思恩格斯文集》第 10 卷，人民出版社 2009 年版，第 587 页。

物，转变成历史唯心主义。与此同时，要根据原著来研究历史唯物主义，"而不要根据第二手的材料来进行研究"①。

三、历史地位与当代价值

这些通信是马克思主义东方社会发展理论的新篇章和历史唯物主义的光辉文献。马克思的书信对俄国农村公社和东方社会发展道路的探索，揭示了人类社会发展的普遍规律和各个民族发展的具体道路之间的辩证关系，深化了马克思主义的社会形态理论和社会发展理论。恩格斯的历史唯物主义书信，在反对把历史唯物主义庸俗化的斗争中，坚持历史唯物论和历史辩证法的统一，对历史唯物主义理论作了全面的论述，捍卫和发展了历史唯物主义。正如列宁所说，马克思、恩格斯在通信中一再谈到他们学说的各个方面，说明了最新的、最重要和最困难的问题。这些通信中的主要观点和方法论思想具有重要的当代价值。

理解和探索落后国家社会主义革命与建设的理论基础。马克思对俄国农村公社发展道路的探索主要着眼于农村公社自身的二重性、它所处的历史环境、它与现代世界之间的联系，以及当时的历史所能提供给一个民族最好的机会等，体现出一种深刻的方

---

① 《马克思恩格斯文集》第 10 卷，人民出版社 2009 年版，第 593 页。

法论。这种方法论为理解经济落后国家社会主义革命的历史必然性提供了理论基础，也为建设中国特色社会主义提供了方法论指导。中国特色社会主义就是根据世界历史一般发展规律，结合中国具体实际探索出来的。它既没有脱离世界文明大道，又没有离开中国的现实土壤，是在我国历史、文化和经济社会实际的基础上发展起来的。我们既不能走封闭僵化的老路，也不能走改旗易帜的邪路，要坚定不移地坚持和发展中国特色社会主义，为人类文明发展提供中国方案，贡献中国智慧。

批判当代各种错误思潮的思想武器。恩格斯在通信中关于经济基础与上层建筑的辩证法、意识形态的相对独立性、历史发展的必然性与偶然性以及历史合力论的论述，批驳了机会主义者和资产阶级学者对唯物史观的篡改和歪曲，揭示了历史规律的作用方式，把历史唯物主义原理完备化和具体化。这不仅对于全面、深刻地理解历史唯物主义，批驳对马克思主义历史决定论的各种歪曲，回应现代西方历史哲学以历史事件的不可预测性、历史意识的主观性和特殊性来否定历史规律的存在提供了思想方法，同时，也为我们巩固和发展社会主义意识形态，不断增强意识形态领域主导权和话语权提供了理论基础。

坚持马克思主义的重要方法论。恩格斯强调历史唯物主义不是标签和套语，而是研究工作的指南，这为我们指明了应当怎样正确看待和运用马克思主义。马克思主义是随着时代和实践发展而不断发展的开放的理论，它没有结束真理，而是开辟了通往真理的道路。对待马克思主义，不能采取教条主义的态度，也不能采取实用主义的态度。我们要善于运用马克思主义的立场、观点和方法，认真研究实践中的重大而紧迫的问题，提高战略思维能力、辩证思维能力、创新思维能力，在理论与实践的辩证统一和良性互动中，不断创新和发展21世纪中国的马克思主义。我国已进入中国特色社会主义新时代，社会主要矛盾发生了转化，社会发展也产生了大量新的矛盾与问题。我们应当善于捕捉和深入研究这些新的矛盾和问题，作出合乎发展需要的理论创造，不断推进中国特色社会主义。

四、延伸阅读

1. 马克思：《路易·波拿巴的雾月十八日》，《马克思恩格斯文集》第2卷，人民出版社2009年版。

2. 马克思：《给维·伊·查苏利奇的复信》［初稿］［三稿］［复信］，《马克思恩格斯文集》第3卷，人民出版社2009年版。

3. 恩格斯：《恩格斯致尼古拉·弗兰策维奇·丹尼尔逊》（1893年2月24日于伦敦），《马克思恩格斯文集》第10卷，人民出版社2009年版。

4. 列宁：《论我国革命》，《列宁专题文集　论社会主义》，人民出版社 2009 年版。

五、思考题

1. 怎样理解"根据唯物史观,历史过程中的决定性因素归根到底是现实生活的生产和再生产"?

2. 结合恩格斯的历史合力论,谈谈如何理解社会发展的规律性和人的主体能动性。

3. 结合恩格斯的相关论述,思考新时代怎样坚持和发展马克思主义。

列宁:《帝国主义是资本主义的最高阶段》①

一、写作背景

回应资本主义的新变化,探索时代发展提出的新课题。《资本论》第一卷问世之后的半个世纪里,世界资本主义发生了许多新的变化。19 世纪 60 至 70 年代,自由竞争资本主义逐步向垄断资本主义过渡。19 世纪末 20 世纪初,垄断资本主义得到普遍发展,垄断组织的力量逐渐渗透到社会生活的各个领域,垄断资产阶级争夺和瓜分世界的斗争日益激烈,资本主义世界各种矛盾尖锐激化。"发达的资本主义转化为帝国主义"这一现实生活的巨大变化,迫切需要深刻认识垄断资本主义时代的生产关系及其内在矛盾,深刻把握帝国主义的本质特点及其发展趋势,对人类历史发展的新问题作出马克思主义的回答。为探索时代发展提出的新课题,列宁运用辩证唯物主义和历史唯物主义的一般原理,总结和分析资本主义发展中出现的新情况新特点,对资本主义垄断时期的生产力、生产关系作了全面深入的考察,创立了完整的、科学的帝国主义理论。

分析资本主义矛盾的世界性发展,揭示现代战争的根源与实

① 选自《列宁专题文集 论资本主义》,人民出版社 2009 年版。

质。随着垄断资本的产生和发展，资本主义生产越来越集中，资本主义的矛盾日益尖锐化。19 世纪 70 年代至 20 世纪初，世界性资本主义经济危机频发。为转嫁危机，攫取更多的利润，资本主义大国开始向国外输出剩余资本，实行暴力扩张和殖民掠夺政策。资本输出扩大和加深了资本主义在世界范围内的进一步发展，加剧了资本主义经济政治发展的不平衡性，帝国主义与殖民地半殖民地之间的矛盾、帝国主义国家之间的矛盾日益激化，导致第一次世界大战的爆发。战争进一步加深了帝国主义的政治、经济和社会危机，同时也给马克思主义者提出了一项重大理论课题：揭示现代殖民主义的实质与后果，揭露现代战争的性质与根源。列宁的《帝国主义是资本主义的最高阶段》正是适应这一迫切需要产生的。它科学地分析了 20 世纪初期世界资本主义的基本经济特征及其在国际关系上的总体情况，揭示了现代战争的根源和性质，阐明了帝国主义战争不可避免。

批判第二国际机会主义思潮，为无产阶级革命斗争提供理论指导。第一次世界大战给人民带来了空前的灾难，同时促进了劳动群众的觉醒，为世界无产阶级革命运动提供了有利条件。当历史进程把无产阶级夺取政权的任务提上日程时，以阶级合作为主要内容的机会主义思潮在欧美工人运动中泛滥起来。伯恩施坦和考茨基等人打着批判帝国主义的旗号，借口情况变化，修正和篡改马克思主义，回避、掩盖帝国主义的本质和深刻矛盾，宣传改

良主义与和平主义。为深刻批判以"考茨基主义"为代表的
"那些被资产阶级狭隘性或被资产阶级偏见束缚住的人"关于帝
国主义本质和内容的错误观点，揭露机会主义者回避帝国主义矛
盾的根本危害，引导无产阶级革命走上正确轨道，列宁在19世
纪末到20世纪初写成的一系列揭示帝国主义时代个别特征的著
作的基础上，密切关注霍布森等研究资本主义的最新成果，从
1915年年中开始，集中力量全面研究有关帝国主义的问题，于
1916年6月在苏黎世完成了《帝国主义是资本主义的最高阶段》
（以下简称《帝国主义论》）一书手稿。1917年9月，该书首次
以《帝国主义是资本主义的最新阶段（通俗的论述）》为名在
彼得格勒出版。

二、主要内容

1. 帝国主义的基本特征

《帝国主义论》除序言，共包括生产集中和垄断、银行和银
行的新作用、金融资本和金融寡头、资本输出、资本家同盟瓜分
世界、大国瓜分世界、帝国主义是资本主义的特殊阶段、资本主
义的寄生性和腐朽性、对帝国主义的批评、帝国主义的历史地位
十章内容。在第一章至第六章，列宁通过分析资本主义的生产关
系和生产力的矛盾运动，集中阐明了自由竞争资本主义时代向垄
断资本主义时代转换的基本特征，指出资本主义由自由竞争进入

垄断阶段，便变成了帝国主义。

帝国主义是"发展到垄断组织和金融资本的统治已经确立、资本输出具有突出意义、国际托拉斯开始瓜分世界、一些最大的资本主义国家已把世界全部领土瓜分完毕这一阶段的资本主义"①，它具有如下五个基本特征：（1）生产和资本的集中造成了在经济生活中起决定作用的垄断组织；（2）银行资本和工业资本相互融合，在"金融资本"的基础上形成了金融寡头；（3）资本输出成为帝国主义压迫和剥削世界上大多数民族和国家以及极少数最富资本主义国家寄生性的基础；（4）最大的资本主义大国已经把世界上的领土瓜分完毕；（5）瓜分世界的资本家国际垄断同盟形成。

帝国主义的各个基本特征之间有着内在的逻辑联系。垄断组织是在生产高度集中的工业部门中首先形成的；工业的集中和垄断引起了银行的集中和垄断，使银行的作用发生了根本性变化，并在工业垄断资本和银行资本相互融合的基础上，形成了金融资本和金融寡头，它们不仅建立起国内的统治，而且要寻求国际统治；金融资本和金融寡头国际统治的基础是资本输出；资本输出必然引起资本家同盟瓜分世界，导致列强对世界领土的直接瓜分。由此可见，帝国主义是作为一般资本主义基本特性的发展和

---

① 《列宁专题文集 论资本主义》，人民出版社 2009 年版，第 176 页。

直接继续而生长起来的，而且，只有在资本主义发展到一定的、很高的阶段，资本主义的某些基本特性开始转化成自己的对立面，资本主义才变成了帝国主义。

2. 垄断是帝国主义的实质

帝国主义是垄断的资本主义，垄断是帝国主义的实质。列宁指出，资本主义最典型的特点之一，就是大工业迅速发展，生产集中于越来越大的企业的过程进行得非常迅速，而集中发展到一定阶段，自然而然地就走向垄断。在自由竞争的基础上发展起来的垄断，是从资本主义社会经济结构向更高级的结构的过渡。垄断是帝国主义的本质。据此，列宁剖析了作为帝国主义经济实质的垄断的主要表现形式，揭示了金融资本和金融寡头垄断了生产与市场，垄断了原料，垄断了银行，垄断了殖民地，支配了一切。金融资本的垄断统治贯穿渗透在现代资本主义社会经济和政治生活的方方面面。

垄断是自由竞争的对立面，但垄断并没有消除自由竞争，而是与竞争并存并凌驾于竞争之上，产生了停滞和腐朽的趋向。一方面，由于垄断规定了一定的价格范围，使得技术进步作为前进的动因，在一定程度上消失了；另一方面，垄断组织有可能人为地阻碍技术进步。同时，金融垄断与金融寡头的统治，造成了极少数最强的国家剥削越来越多的弱小国家的局面，货币资本大量聚集于少数国家，从而产生了靠利息和股息收入获利的"食利者"阶层以及靠资本输出获利的"食利国"。这些"食利者"阶层和"食利国"越来越脱离生产，靠剥削几个海外国家和殖民地的劳动为生，不仅严重阻碍了技术进步，而且造成了资本主义政治经济发展的不平衡，"这种不平衡还特别表现在某些资本最雄厚的国家（英国）的腐朽上面"①，给帝国主义打上了寄生的、腐朽的烙印。

垄断决定了帝国主义的垂死性过渡性，这是垄断统治促使帝国主义基本矛盾日益尖锐化的必然结果。在帝国主义时代，垄断促进了生产的社会化，但并没有也不可能改变生产资料的资本主义私人占有制，"摆在我们面前的就是生产的社会化，而绝不是单纯的'交织'；私有经济关系和私有制关系已经变成与内容不相适应的外壳了，如果人为地拖延消灭这个外壳的日子，那它就必然要腐烂，——它可能在腐烂状态中保持一个比较长的时期（在机会主义的脓疮迟迟不能治好的最坏情况下），但终究不可避免地要被消灭。"② 帝国主义时期社会基本矛盾的尖锐化，必然导致和表现为无产阶级与资产阶级之间、帝国主义国家之间以及殖民地、附属国与帝国主义之间等各种矛盾的尖锐化。这些矛盾特别是无产阶级与资产阶级之间的矛盾的尖锐化，从根本上动摇了资本主义统治的基础，加速了无产阶级革命的到来。

---

① 《列宁专题文集　论资本主义》，人民出版社 2009 年版，第 210 页。
② 《列宁专题文集　论资本主义》，人民出版社 2009 年版，第 212 页。

3. 反对帝国主义必须同反对机会主义结合起来

帝国主义的寄生性和腐朽性是工人运动的国际性分裂这一现象的经济基础，帝国主义产生社会主义、改良主义。在帝国主义阶段，社会财富的空前丰裕，使得资本家在经济上能够通过各种直接的或间接的手段，收买和拉拢工人政党的领袖和工人阶级中的上层，培植、形成和巩固机会主义。在帝国主义的侵蚀下，无产阶级队伍中出现了一个人数不多但比较稳定的"工人贵族"，他们替资本家在工人队伍中宣传和平主义与改良主义思想，因而出现了资产阶级化的工人政党。与此同时，资产阶级学者和政论家则在思想理论上为帝国主义辩护，掩盖帝国主义的深刻根源，回避帝国主义国家的矛盾，为资产阶级改良主义辩护。

机会主义、改良主义企图掩饰、缓和帝国主义的基本矛盾。"考茨基以及考茨基主义这一广泛的国际思潮背离马克思主义的地方，就在于考茨基不仅没有设法、没有能够使自己同这个经济上根本反动的小资产阶级改良主义反对派对立起来，反而在实践上和它同流合污。"① 考茨基把帝国主义看做高度发达的工业资本主义"力图兼并"农业区域的结果，同时把兼并解释成是金融资本"比较爱好"的一种政策。列宁批判了考茨基的帝国主义定义在理论上的荒谬，指出机会主义的代表人物试图把帝国主

---

① 《列宁专题文集　论资本主义》，人民出版社 2009 年版，第 197 页。

义的政治同它的经济割裂开来，没有说明"在政治方面，帝国主义是力图使用暴力和实行反动"①，从根本上抹杀了垄断统治是帝国主义的本质特征，否认了帝国主义已经从萌芽状态生长为统治的体系，垄断组织在国民经济和政治中全面居于首要地位的历史事实。而考茨基所谓的"超帝国主义论"也完全是一种妄想和虚构，它回避并掩盖了帝国主义最深刻、最根本的矛盾。因此，要充分认识同工人运动中机会主义思潮斗争的必要性，把反对帝国主义同反对机会主义结合起来。

4. 帝国主义是无产阶级社会革命的前夜

帝国主义时代各种矛盾的日益激化，使得帝国主义战争不可避免。帝国主义时代，资本与劳动、帝国主义国家与殖民地半殖民地国家、帝国主义国家之间的矛盾都达到极端尖锐的程度。整个 20 世纪初期的特征"是少数帝国主义大国为分占垄断权而斗争"②。经济实力迅速增长而占有殖民地较少的后起的帝国主义国家，必然要求按照"资本"和"实力"重新瓜分世界，而经济实力相对落后却拥有广阔殖民地的老牌资本主义国家必然不肯让出地盘。在资本主义基础上，要消除生产力发展和资本积累同金融资本对殖民地和势力范围的划分之间不相适应的状况，除了战争没有其他任何办法。

---

① 《列宁专题文集　论资本主义》，人民出版社 2009 年版，第 177 页。
② 《列宁专题文集　论资本主义》，人民出版社 2009 年版，第 194 页。

不可避免的帝国主义战争，加速了无产阶级革命的到来。战争使帝国主义国家陷于分裂，并造成某些国家严重的经济政治危机，从而使得无产阶级在某一薄弱环节冲破帝国主义链条取得社会主义革命的胜利成为可能。"……从资本主义到更高级的社会经济结构的过渡时代的特点已经全面形成和暴露出来的时候，资本主义才变成了资本帝国主义。"① 列宁通过对垄断—矛盾—革命的分析，指出 20 世纪的世界历史进入了一个新的时代：由于垄断统治的形成以及由此产生的各种矛盾的尖锐化，世界进入了帝国主义和无产阶级革命的时代。

三、历史地位与当代价值

列宁的《帝国主义论》是继马克思《资本论》之后研究资本主义生产方式的又一部经典力作，标志着马克思主义关于帝国主义理论的形成。列宁对时代脉搏的准确把握，对帝国主义实质及其历史命运的科学揭示，为我们正确认识人类社会形态转换以及当代资本主义新变化新发展，提供了重要的理论依据和科学方法论指导。

把握时代的科学方法论。19 世纪末 20 世纪初，世界资本主义进入了"发展的最新阶段"，即帝国主义时代。列宁认为，此

---

① 《列宁专题文集 论资本主义》，人民出版社 2009 年版，第 175 页。

时"首先必须较详细地研究一下实际材料，以便尽量确切地弄清楚这个时代和先前各个时代有什么不同"①。为此，他通过对自由竞争时代到垄断资本主义时代社会经济形态及其内在逻辑转换的分析，科学揭示了帝国主义时代的基本特征及其深刻影响。在揭露帝国主义根本矛盾的同时，为社会主义发展确立了新的时代任务，明确了发展方向。列宁对于如何认识时代问题的深刻揭示，为我们认清当今世界发生的种种复杂变化，明确中国社会发展新的历史方位和时代坐标，坚持和发展中国特色社会主义，提供了科学的方法论指导。

认识当代资本主义实质的理论武器。列宁指出，帝国主义是金融资本和垄断组织的时代，而垄断既然已经形成，它就绝对不可避免地要渗透到社会生活的各个方面。"金融资本和垄断组织到处都带有统治的趋向而不是自由的趋向。"②列宁借助对帝国主义本质属性的分析，提供了正确理解当代资本主义的重要方法论。当代资本主义世界在经济、政治、社会生活以及国际关系等方面都发生了很大变化。资本主义国家在一定程度上实行了国有经济、社会福利、股份制、工人参与管理等，使得当代一些资本主义国家保持了较长时期相对稳定的发展，表现出一定的生命力。但是，资本主义的

---

① 《列宁专题文集　论资本主义》，人民出版社 2009 年版，第 164 页。
② 《列宁专题文集　论资本主义》，人民出版社 2009 年版，第 207 页。

新变化既没有改变资本主义金融垄断以及腐朽寄生的性质，也没有改变无产阶级同资产阶级之间的根本对立。考察 20 世纪以来世界历史的发展，两次世界大战的发生正是帝国主义垄断恶性运动造成的。控制国际资源、抢占势力范围、转嫁经济社会危机、压迫民族解放运动，都深深地打上了帝国垄断与国际霸权的烙印。当今资本主义社会在经济、政治、文化诸领域正在遭遇的"增长的极限"，也正是资本主义向其"对立面"转化的必然过程和重要环节。

研究当今世界问题的"透视镜"。 在《帝国主义论》中，列宁通过对帝国主义的分析，阐述了关于世界历史的重要思想。这些思想为我们认识和考察当代世界历史提供了重要的理论参照。在经济全球化日益发展的今天，世界多极化、经济全球化深入发展，社会信息化、文化多样化持续推进，新一轮科技革命和产业革命正在孕育成长，各国相互联系、相互依存，全球命运与共、休戚相关，人类交往的世界性比过去任何时候都更深入、更广泛，各国的相互联系和彼此依存比过去任何时候都更频繁、更紧密，和平、发展、合作、共赢的时代潮流更加强劲。与此同时，人类也处在一个挑战层出不穷、风险日益增多的时代，传统安全威胁和非传统安全威胁相互交织，维护世界和平、促进共同发展依然任重道远。为此，我们要站在世界历史的高度审视当今世界发展趋势和面临的重大问题，坚持和平发展道路，坚持独立自主的和平外交政策，坚持互利共赢的开放战略，不断拓展同世界各国的合作，积极参与全球治理，在更多领域、更高层面上实现合作共赢、共同发展，不依附别人、更不掠夺别人，反对霸权主义和强权政治，同各国人民一道努力构建人类命运共同体，把世界建设得更加美好。

四、延伸阅读

1. 列宁：《第二国际的破产》，《列宁选集》第 2 卷，人民出版社 1995 年版。

2. 列宁：《帝国主义和社会主义运动中的分裂》，《列宁选集》第 2 卷，人民出版社 1995 年版。

3. 列宁：《国家与革命》，《列宁专题文集　论马克思主义》，人民出版社 2009 年版。

4. 列宁：《怎么办?》，《列宁专题文集　论无产阶级政党》，人民出版社 2009 年版。

5. 列宁：《哲学笔记》，《列宁专题文集　论辩证唯物主义和历史唯物主义》，人民出版社 2009 年版。

五、思考题

1. 如何正确认识当今资本主义的发展？

2. 列宁关于帝国主义意识形态具有腐朽性的论断有何理论

与现实意义？

3. 运用列宁的帝国主义理论，分析当代霸权主义、强权政治的根源。

4. 结合当代经济全球化的现实，谈谈对于构建人类命运共同体的认识。

列宁:《论我国革命》①

一、写作背景

澄清人们对新经济政策的误解，思考苏维埃俄国如何过渡到社会主义。十月革命后，随着帝国主义的武装干涉被粉碎，俄国取得国内暂时的和平。1921年3月，俄共（布）十大作出决定，开始从"战时共产主义"向新经济政策转变。新经济政策的精神，是利用资本主义经济因素和商品货币的作用，促进苏维埃国家的建设，其内容包括实行粮食税制、允许自由贸易、支持城市私人小工业企业的发展、实施租让制和租赁制、国有企业实行物质利益的原则等。由于实行新经济政策，资本主义经济因素得到一定程度的发展，国内一部分人对此不理解，国外一些共产党人也对苏俄的新经济政策产生了误解。有的将新经济政策理解为全面实行资本主义，有的认为这种转变意味着革命的错误和失败。如何正确阐述苏俄社会主义的前程，说明苏维埃俄国促进社会主义发展的措施的合理性，推动苏维埃俄国顺利过渡到社会主义，既是一个严峻的现实问题，也是当时理论工作的一项重要任务。

批驳否定俄国十月革命的错误论调，回应苏汉诺夫等人的挑

① 选自《列宁专题文集 论社会主义》，人民出版社2009年版。

战。早在十月革命前,普列汉诺夫等人就提出,俄国生产力落后,无产阶级在总人口中只占少数,很不成熟,不具备进行社会主义革命的条件。十月革命以后,孟什维克和第二国际代表人物坚持认为,经济落后、农民占绝大多数的俄国,走上社会主义道路,不过是"历史的误会"。1918 年至 1921 年间,孟什维克党人苏汉诺夫撰写了七卷本的《革命札记》,非难和攻击列宁领导的社会主义革命,认为俄国不具备实现社会主义的客观前提,俄国生产力和文化还没有发展到可以实行社会主义的水平,俄国的社会主义革命和建设是违背历史发展规律的。第二国际的伯恩斯坦、考茨基等人也认为,俄国的生产力还没有发展到可以实行社会主义的高度,社会主义的俄国只是一个"没有生命力的早产儿"。列宁为反驳对俄国十月革命的这些指责与否定,思考社会主义在苏维埃俄国的命运,论证经济文化比较落后的国家进行社会主义革命和建设的必要性与可能性,于 1923 年 1 月 16 日、17日,分两次口授了《论我国革命》这篇重要文章。同年 5 月 30日,该文载于《真理报》,标题为报纸编辑部所加。

二、主要内容

1. 马克思主义的革命辩证法

革命的辩证法是马克思主义理论中非常重要的内容。根据马克思主义的革命辩证法,革命时期要有极大的灵活性,要从当前的形势出发确定革命的战略和策略。帝国主义时代，在一定的物质前提下，只要革命时机成熟，无产阶级就可以而且应当不失时机地夺取政权，然后大力发展生产力，创造建设社会主义的物质前提，这是符合历史发展规律的辩证法。俄国无产阶级发动的十月革命，体现出在革命时刻的极大灵活性，是在帝国主义时代灵活运用辩证法的产物。苏汉诺夫等孟什维克分子对马克思主义的理解"迂腐到无以复加的程度"①，他们习惯于"对过去的盲目模仿"②，把西欧发达国家的发展模式当做金科玉律，否认各个国家走社会主义道路的多样形式与民族特点，把唯物史观看做单纯的经济决定论，把生产力的决定作用看做直线式的机械图式，完全不了解马克思主义的革命辩证法。

2. 世界历史发展的一般规律不排斥个别发展阶段上的特殊性

由于各国的历史条件、民族特点不同，历史发展的规律不会以"纯粹的一般"表现出来，历史发展也不是机械的单线式进化，它总是在复杂的多样性的现实中展开。俄国是介于欧洲文明国家和东方各国之间的国家，革命的环境和条件不同于西方以前发生的革命，势必表现出某些特殊性。但是，俄国革命的"某些新特点"，仍然反映了社会主义革命的普遍规律，其特殊性并

① 《列宁专题文集　论社会主义》，人民出版社 2009 年版，第 357 页。
② 《列宁专题文集　论社会主义》，人民出版社 2009 年版，第 356 页。

不偏离世界历史发展的总趋势。俄国十月革命的成功是无产阶级革命一般性和特殊性的统一，体现了社会历史发展过程中一般与特殊的辩证法。

世界历史发展的一般规律，不仅丝毫不排斥个别发展阶段在发展形式或顺序上表现出特殊性，反而是以此为前提的。苏汉诺夫等人不懂得社会发展过程中一般与个别的辩证法，不懂得个别包含着一般，必然具有一般的特性；一般作为共性，是个别的抽象，只能在个别中存在和体现出来。各国无产阶级政党在解决自己的革命任务时，必须考察、研究、探索和把握民族的特点和特征，把马克思主义基本原理与各国革命的具体实践，把社会历史发展的一般规律与民族特点紧密结合。

3. 俄国社会主义革命和建设的新特征

就社会发展的一般逻辑看，资本主义比较发达的经济文化是无产阶级革命的前提，但社会主义革命并不是单纯的经济过程，而是历史发展中各种因素相互作用的结果。一个国家爆发革命，既与经济文化发展程度有关，更直接取决于是否具备革命的形势。把经济因素看成是唯一的决定因素是"庸俗化的生产力论"。列宁以辩证的和世界历史的眼光分析了俄国革命的形势，认为在世界资本主义经济政治不平衡发展的链条中，俄国处在帝国主义体系最薄弱的环节，毫无出路的处境使得俄国能够实现

"农民战争"与工人运动的联合，选择与西欧国家不同的方式来创造发展文明的根本前提。

列宁认为，社会主义的建立需要"一定的文化水平"，主要是生产力发展水平，但谁也说不出这个"一定的文化水平"是怎么样的。因此，不同于西欧国家首先在资本主义制度下发展生产力，提高文化水平，然后进行革命，俄国革命完全可以改变发展顺序，首先进行革命，然后在工农政权和苏维埃制度的基础上发展社会生产力，为向社会主义过渡创造前提，在此基础上走向共产主义。

4. 俄国社会主义革命的特殊方式具有典范意义

俄国社会主义革命具有特殊性，但这种特殊性并非社会革命和发展的个案。对于经济文化相对落后的国家来说，俄国社会主义革命的特殊方式具有典范意义。无产阶级要善于抓住革命的有利时机，丢掉那种认为教科书规定了今后世界历史发展的一切形式的想法，依据不同国家的具体情况选择革命的方式与道路。

无产阶级首先在经济、文化上落后于西欧的俄国夺取政权，开创了落后国家走向社会主义的多样化道路。由于俄国革命的影响和共产国际的支持，东方许多国家相继发生了革命运动，促进了马克思列宁主义的传播。这些东方国家人口众多，经济落后，各种社会矛盾交织，社会情况无比复杂。列宁预言，东方国家的革命会有自己特殊的国际国内背景和革命方式,将比俄国革命带有更多的特殊性。

三、历史地位与当代价值

《论我国革命》根据俄国社会主义革命和建设的发展现实,批驳了孟什维克和第二国际代表人物以俄国缺乏实现社会主义的客观经济前提为借口否定俄国十月革命的错误论调,是一篇运用唯物辩证法系统论证经济文化比较落后的国家进行社会主义革命和建设的必要性和可能性的重要文献,对我们今天坚定共产主义理想信念,坚定不移走中国特色社会主义道路,具有重要意义。

坚持和发展马克思主义的行动指南。列宁批判了苏汉诺夫等人对待马克思主义的错误倾向,指出他们对马克思主义关于生产力决定生产关系观点的理解过于机械化、简单化。这一重要思想为我们正确坚持和发展马克思主义提供了行动指南。马克思主义理论不是教条,而是方法,必须随着实践的变化而发展。这就要求我们必须从实际情况出发,紧密结合当代世界、当代中国发展变化的现实,加强马克思主义理论与实践的互动,用鲜活的实践经验来丰富和发展马克思主义。要坚持在改革中守正创新,在开放中博采众长,不断完善自己,不断深化对共产党执政规律、社会主义建设规律、人类社会发展规律的认识,不断开辟当代中国马克思主义、21 世纪马克思主义新境界。

选择社会主义制度的理论依据。列宁在《论我国革命》中分析了十月革命前俄国所处的特殊的革命形势和革命力量，提出了"先革命后发展"的思想，认为可以先进行社会主义革命，确立社会主义制度，再以此为前提建立社会主义所需要的物质文化基础。这一重要思想为我国选择社会主义制度提供了重要的理论依据。近代以来，由于西方列强的入侵和封建统治的腐败，中国逐渐沦为半殖民地半封建社会，这就使得中国不可能同西欧各国一样，首先使资本主义生产高度发达起来，再进行社会主义革命。中国共产党带领人民完成了新民主主义革命和社会主义革命，确立了社会主义基本制度，完成了中华民族有史以来最为广泛而深刻的社会变革，为当代中国一切发展进步奠定了根本政治前提和制度基础。

坚持和发展中国特色社会主义道路的辩证法。列宁指出，世界历史发展的一般规律，不仅不排斥不同国家在发展的形式与顺序上所表现出来的特殊性，反而以此为前提。这一思想阐明了历史发展的辩证法，为坚持和发展中国特色社会主义道路提供了重要的方法论指导。党的十一届三中全会以来，我们党坚持科学社会主义的基本原理，结合中国的发展实际，创建了中国特色社会主义理论体系，经过改革开放伟大实践，成功地开辟了中国特色社会主义道路。党的十八大以来，中国特色社会主义进入新时代，中华民族迎来了从站起来、富起来到强起来的伟大飞跃，表明科学社会主义在 21 世纪的中国焕发出强大生机活力，拓展了发展中国家走向现代化的途径，为解决人类问题贡献了中国智慧和中国方案。

加强社会主义现代化建设的指导原则。列宁指出，经济文化相对落后的国家，在社会主义革命胜利后，必须充分发挥无产阶级政权、社会主义制度的重要作用，把工作中心转移到经济文化建设上，大力发展新的文明，赶上并超过资本主义文明，为社会主义发展创造必要条件。这为我们建设社会主义现代化强国确立了思想原则。作为发展中的社会主义国家，我国处于并将长期处于社会主义初级阶段，因此，必须牢牢坚持党的基本路线这个党和国家的生命线、人民的幸福线，以经济建设为中心，贯彻创新、协调、绿色、开放、共享的新发展理念，不断解放和发展生产力，全面推进中国特色社会主义经济、政治、文化、社会和生态建设，正确处理人民日益增长的美好生活需要和不平衡不充分的发展之间的矛盾，更好地推动人的全面发展、社会全面进步。

四、延伸阅读

1. 马克思:《给维·伊·查苏利奇的复信》［初稿］［三稿］［复信］，《马克思恩格斯文集》第 3 卷，人民出版社 2009 年版。

2. 列宁:《俄国革命的五年和世界革命的前途》，《列宁选集》第 4 卷，人民出版社 1995 年版。

3. 列宁：《论粮食税》（节选）（1921 年 4 月 21 日），《列宁专题文集　论社会主义》，人民出版社 2009 年版。

4. 列宁：《论合作社》，《列宁专题文集　论社会主义》，人民出版社 2009 年版。

5. 恩格斯：《〈论俄国的社会问题〉跋》，《马克思恩格斯文集》第 4 卷，人民出版社 2009 年版。

五、思考题

1. 结合列宁关于俄国革命的论述，谈谈对坚持中国特色社会主义"四个自信"的认识。

2. 如何理解世界历史发展一般规律与不同国家发展道路的辩证法？

3. 如何理解列宁关于经济文化相对落后的国家走不同于西欧国家发展道路的思想及其现实意义？

后　记

博士研究生思想政治理论课公共选修课"马克思恩格斯列宁经典著作选读"教学大纲《马克思恩格斯列宁经典著作选读》是马克思主义理论研究和建设工程重点教材，由教育部组织编写。在编写过程中，得到了中央有关部门和有关专家学者的帮助和支持。同时，广泛听取了有关试点院校、广大高校思想政治理论课教师和学生的意见和建议。

本教学大纲2012年出版，由首席专家韩震主持编写。丰子义、韩喜平、左亚文、刘森林、俞良早、吴向东、鲁克俭、王葎参加了本教学大纲的撰写和修改工作。顾海良、顾锦屏、庄福龄、侯惠勤、杨金海、杨瑞森、钟哲明等多次参加审议并提出重要修改意见。

自2012年出版以来，本教学大纲在全国各高校得到广泛使用。为贯彻落实党的十八大精神，体现教学大纲出版以来中国特色社会主义理论和实践的创新成果，体现马克思主义中国化研究的新进展，教育部组织课题组在广泛调研的基础上，于2013年对教学大纲进行了修订。首席专家韩震主持了修订工作，丰子义、王葎、左亚文、刘森林、吴向东、俞良早、韩喜平、鲁克俭参加了具体修订工作。顾海良、顾锦屏、庄福龄、张宇、孙来斌、李成旺等参加审议并提出修改意见。

2018 年，为推动习近平新时代中国特色社会主义思想进教材、进课堂、进头脑，深入贯彻落实党的十九大和十九届二中、三中全会精神，教育部组织对教学大纲进行了全面修订，经国家教材委员会高校哲学社会科学（马工程）专家委员会审查通过。丰子义主持了修订工作，韩喜平、吴向东、左亚文、刘森林、鲁克俭、俞良早、王莠、石碧球参加了具体的修改工作。

2018 年 5 月

郑重声明

高等教育出版社依法对本书享有专有出版权。任何未经许可的复制、销售行为均违反《中华人民共和国著作权法》,其行为人将承担相应的民事责任和行政责任;构成犯罪的,将被依法追究刑事责任。为了维护市场秩序,保护读者的合法权益,避免读者误用盗版书造成不良后果,我社将配合行政执法部门和司法机关对违法犯罪的单位和个人进行严厉打击。社会各界人士如发现上述侵权行为,希望及时举报,本社将奖励举报有功人员。

反盗版举报电话　(010)58581999　58582371　58582488

反盗版举报传真　(010)82086060

反盗版举报邮箱　dd@ hep.com.cn

通信地址　北京市西城区德外大街4号
　　　　　高等教育出版社法律事务与版权管理部

邮政编码　100120

为收集对教材的意见建议,进一步完善教材编写和做好服务工作,读者可将对本教材的意见建议通过如下渠道反馈至我社。

咨询电话　400-810-0598

读者服务邮箱　gjdzfwb@ pub.hep.cn

通信地址　北京市朝阳区惠新东街4号富盛大厦1座
　　　　　高等教育出版社总编辑办公室

邮政编码　100029